狂潮

日本近代史的真相，
那些新聞媒體操作下的極端浪潮

井上亮
INOUE MAKOTO

許郁文 譯

目錄

大正篇

昭和篇

平成篇

導讀
歷史真相如何解讀

徐興慶
中國文化大學校長

最近「假新聞」充斥在全球民眾的周遭，普遍影響現代人類的生活型態，這是媒體世界大鳴大放所造成的結果，當然日本、臺灣也不例外。但是，「假新聞」並不是近代的產物，應該說自古以來就有了，只是在這資訊發達的時代，它對全球化的影響就一日千里了。

二〇一四年底，日本出版了一本《熱風の日本史》，描述日本自明治維新之後的富國強兵、軍國主義、民族國家主義、脫亞入歐到經濟高度成長、泡沫經濟等熱門的話題，引起讀者廣泛的迴響。這些內容曾在《日本經濟新聞》的「日經日曜版」連載。作者井上亮原是日本經濟新聞社的記者，曾經在日本警視廳、法務部工作。他曾於《日本經濟新聞》（二〇〇六年七月二十日）以頭版刊登「昭和天皇對A級戰犯合祀靖國神社，表示不滿」的消息，這篇報導受到日本媒體的關注，井上因而聲名大噪，同時獲得當年度日本的「新聞協會賞」。井上的著書大部分都與日本天皇有關，諸如《天皇と葬儀——日本人の死生観》、《天皇の戦争宝庫》、《象徵天皇の旅——平成に築かれた国民との絆》等，內容頗獲讀者的青睞。

眾所周知，一八五三年美國太平洋艦隊司令培里（Matthew Calbraith Perry）率領「黑船」叩關日本，一八五四年與日本簽定《神奈川條約》（《日美和親條約》）之後，一八五七年德川幕府放棄鎖國政策，將門戶開放，政策上開始淡化「攘夷」的口號，轉向發展通商，成立市場經濟，進而汲取西洋文明，再往明治維新的「富國強兵」、「殖產興業」、「文明開化」的三隻箭方向前進。明治政府為了要與西方接軌以及解決財政困難，在推動「文明開化」的過程中，於一八七二年將舊曆法（太陰太陽曆）改成西洋曆法（太陽曆），將明治五年十二月三日改為明治六年一月一日，目的在取消閏月，節約人事費用。同時推動了日本的郵政業務及開通鐵道等國家的重要建設。

近代日本的啟蒙思想家，也是慶應義塾大學的創辦人福澤諭吉，一生致力汲取西方世界的文明，介紹西方政治制度以及相應的價值觀給日本社會。在明治維新的過程中，他主張日本應該積極學習西方文明，曾經於報章《時事新報》（一八八五年三月十六日）發表著名的「脫亞論」，開篇說道：「世界交通，日益便捷，西洋文明之風東漸，所到之處，無不風靡於一草一木」。他的言論，影響日本社會，從尊敬轉向蔑視中國，認為日本應該放棄中國思想與儒教的精神，對於未能及時改革的「清國」，產生幻滅。明治時代（一八八六至一九一二年）可以說是中西合併，由「和魂漢才」轉向「和魂洋才」，思想激盪的時代。

前述《日美和親條約》之後，日本被迫陸續與荷、俄、英、法等國簽訂了一連串「通商友好」的不平等條約，加深了日本民族的危機意識，一八九五年的甲午戰爭、一九〇五年日俄戰爭的勝利，大大提升了日本的國際地位。日本為了早日解除這些不平等條約的緊箍咒，朝野積極倡議修訂不平等條約，但也歷經了四十年的歲月，至明治末期才脫離不平等條約的束縛。

在廢除不平等條約之後，日本的大正時代（一九一二至一九二六年）出現了新思潮的興盛、社會運動的活躍化，政黨政治的發展以及「大正民主」也隨之高漲。當時代的新女性，高喊著女人不再是附屬品，顯示出爭奇鬥豔，百花齊放的社會景象，日本的政治、經濟、產業、軍事、文化等方面開始現出欣欣向榮的態勢。但卻在一九二三年九月一日發生了「關東大地震」，地震矩規模高達八點一。對東京、橫濱這兩個大城市造成毀滅性的破壞，死亡人數超過了十萬人。當時兩個城市陷入人間煉獄，地震後因流言四起，市民陡變兇徒的現象頻傳，引起日本社會一陣騷亂，在日朝鮮人及旅日華僑也連帶受到波及。

昭和時代（一九二六年至一九八九年）長達六十四年，其間經歷狂飆的帝國主義到第二次世界大戰，讓日本經濟蕭條，人民的生活墜入谷底。但一九六四年的東京奧運，以及一九七〇年的大阪萬國博覽會，使日本的文化、體育、休閒及環保意識抬頭，提升了都市的基礎建設，各行各業呈現一片欣欣向榮，甚至一度出現了「泡沫經濟」，在國際化競爭的風潮下，日本經濟、產業的發展可說是大起大落。一九八九年以後出生的日本年輕人，大多認為昭和世代的人、事、物過於老舊與保守，因此追求新潮，崇尚流行及時代的偶像即成為平成時代典型的社會風格。

平成時代（一九八九年至二〇一九年）剛滿三十年，初期適逢經濟泡沫的最高峰，上班族年薪首度突破四百萬日幣圓，但二〇〇八年九月「雷曼兄弟控股公司」的破產，引發全球金融體系自二戰以來最嚴重的危機，日圓兌美元的匯率一度升到七十六比一，日本自難倖免，「失落的二十年」成為日本經濟一蹶不振的代名詞。但我們不要忘記，在這二十年當中，日本有十八位學者在各種學術領域當中獲得諾貝爾獎的殊榮，顯見日本在教育體制、人才培育及創新創業，有著非常卓越的表現，其追求專業學問的底蘊及其文化素養之淺移默化的功力，值得吾人深思與借鏡。

《熱風の日本史》是蒐集新聞、報紙、輿論等資料，討論過去日本近代重大事件中被媒體煽動的社會，主要觀點讓人反思最近大家都很關心的「假新聞」，或是輿論帶風向的議題，描述的日本近代史涵蓋明治、大正、昭和及平成四個時代。

您相信嗎？早稻田大學創辦人大隈重信當時的一句話，可以讓具有歷史價值的彥根城（hikone，今滋賀縣）免於被拆毀的命運，且每年吸引七十萬人前往觀賞，成為現今日本的國寶四城之一。諸如此類，正史鮮少記載的日本近代史，在本書中皆有詳述。這些內容，篇篇膾炙人口，可讀性及知識性極高，也請各位讀者判斷，這些「歷史事件」的報導是真、是假？需不需要對歷史負責？或對法律負責？

傳統與現代，何者為佳？本來就難以定論，因為文明的進化，是在潛移默化的情境中達成，非一朝一夕可及，這些歷史事件的真假，或可用神話故事、坊間謠傳或媒體操作，去判真假，但這很難看清歷史的全面，唯有一步一腳印的考證史料的真假與內涵，才能窺知歷史的真相。井上以「長處」與「缺點」的角度切入，進行探討，有他獨到的思維。在近現代的「熱風現象」當中，這些熱門的話題，可以端倪出近代日本的自我畫像，也給輕視歷史真相的現代人敲醒了警鐘。中譯本《狂潮：日本近代史的真相，那些新聞媒體操作下的極端浪潮》在國內首度刊行，內容值得讀者一探究竟。

導讀

風向與狂潮輿論——操作的日本近現代史

蔡亦竹
實踐大學應用日文系助理教授

現代很流行帶風向。當然，日本自從文明開化的明治時期之後就有了媒體（嚴格說來江戶時代也有所謂「瓦版」，這種新聞的前身），所以帶風向這件事很早就在日本存在。之前我曾經寫過探討日本村落性格的《圖解日本人論》，而在這種特殊的風土民情下，其實所謂「空氣」只要一形成，就很容易整個國家、民族都被後世看來不可思議的奇異風向帶著走。這本書講述的日本近代史，其實就是日本重覆這種神奇循環的過程。

但是，這種神奇循環通常會付出極慘痛的代價。

明治初期在洋化、現代化的絕對價值下，日本傳統被視為可棄，甚至是應該消除的負面因子。於是產生了把木造五重塔等文化財，用廢建材的價格打爛出售，或是把過去江戶時代的名城廉價出售等，後世日本看來根本不可思議的怪事。而明治時代的怪事還包括了因為對西鄉隆盛的推崇，而產生的各種西鄉生存傳說，這種鄉野奇譚居然還讓俄羅斯皇太子在訪日時遇刺，這個事件也一直影響日本社會到日俄戰爭。

讓日本脫胎換骨的明治時代，雖然被司馬遼太郎視為歷史上最充滿希望的「少年之國」，但這群年輕的國民們也示範了新生國家如何被媒體帶起風潮後，可以先是對列強充滿恐懼，接著為了受到國際承認而硬要撐出近代國家的派頭，最後為了和比自己軍力強十三倍的國家對決，政府和國民一起幾近瘋狂的省吃儉用，打出了史上難得一見的奇跡勝利。

但是，因為前述的「空氣」現象，讓日本社會一旦形成某種共識之後，只要有人反對就很容易受到所有人的排擠，甚至難以生存。在這種文化裡，其實媒體也很難真的發揮監督功能，因為一說不好聽的話很可能不是被讚賞勇氣，而是因為白目而被修理。所以一旦江戶時代的身分封建制瓦解，媒體開始鼓吹的就是好好讀書的立身出世價值。就算真的因為這樣產生了許多傑出的明治人物，但也造就了更多在學業、技術競爭失敗，之後從未被社會關注過的時代犧牲者。當政府決定以天皇崇拜來鞏固國民向心力之際，媒體馬上歌頌學校發生火災時，只為了搶救明治天皇「御真影」（照片），而重回火場被燒死的校長。政府當局用盡吃奶力氣才打到有立場和俄羅斯和談的日俄戰爭，戰後卻因為戰爭期間媒體配合不斷宣傳「日本必勝」和「日本優勢」造成國民誤解，認為勝利卻沒有依照當時國際慣例向俄國獲得割地賠款，覺得政府喪權辱國而發動了導致戒嚴的「日比谷燒打」暴動。這還只是日本「帶風向」惡果的其中之一而已。

這種帶風向，或說迎合世間的報導後來在昭和時代更變本加厲，日本集體主義與當時國際間帝國主義軍力擴張的思想結合後，成為軍國主義，急速將日本推向戰爭邊緣。結果媒體在當時敢勸諫的少，迎合當時好戰風潮的多，配合上當局的思想統制與高壓政策，讓日本向物資、工業力都還相差極大的美英開戰。

戰爭一開打，媒體的帶風向工作就越來越吃力了。因為就算初期佔了些優勢，但是面對資源根本不成正比的英美，日本越打越辛苦，也開始出現敗戰徵兆。但是第一，當時的國民根本還未認識到這個事實，社會風向還沒改變，這時候如果媒體敢說真話，可能連存活都有問題。第二，就算國民肯接受劣勢的事實，那也間接坐實了之前媒體推波助瀾的操作。所以，帶風向開始進化成「假新聞」，著名的日本「大本營發表」在二戰末期時，根本就是把事實完全相反地傳達給日本軍民。而假新聞帶給日本的苦果，應該大家都很清楚了。後來日本的泡沫經濟崩潰、奧姆真理教恐怖攻擊，其實都是起因於媒體對於拜金主義和世紀末虛無主義的吹捧，才養成了難以駕御的「鬼胎」，最後由整個社會一起承擔這個鬼胎爆發時的苦果。

這本書也算是在這些狂潮背後，作者對於媒體所應負的責任與反省。作為「思想戰兵器」的媒體，雖然在網路興起後，某種程度也開始接受社會的監督，但是在今天的某些「大國」，甚至臺灣內部，我們仍然可以看到許多像戰前日本般基於某些特定目的的操作，甚至是惡意捏造。對照過去日本所付出的代價，也讓我們不由得為這些操作感到憂心，甚至需要思考如何減少這些操作的影響了。

希望人類還是能從歷史裡學到一些事情。

前言
正視「真實」的日本

「綜觀歷史，美國未曾保有純潔。」

這是以美國現代史為材，被稱為暗黑小說界「狂犬」的詹姆士・艾洛伊[1]在其粉碎甘迺迪神話一書的《美國小報》（*American Tabloid*）開頭寫下的一句當頭棒喝。

將這宛如匕首的一節裡的「美國」換成「日本的近代」，甚至換成更為通俗的「國家」、

1. 詹姆士・艾洛伊：James Ellroy，一九四八年生，犯罪小說作家，其《美國小報》是《時代雜誌》一九九五年的年度小說。

「民粹主義」、「大義」的詞彙也無不可。艾洛伊如此提到：

「我們早在移民船的船艙內喪失了純潔，也未曾因此後悔。美國的墮落難以歸咎於特定的事件或狀況，因為曾未擁有的東西，自然無法失去。」

當主詞置換成日本，「移民船」就可置換成「近代化」，也可代入「世界強國化」、「經濟成長」這類字眼。

我不打算假扮艾洛伊的口吻，介紹日本近代的黑暗史，因為除了日本，凡是國家或民族，其歷史必然同時存在「聖潔的神話」與「骯髒的黑暗」，人類的一切活動或人類社會亦然。

歷史從不單純，無法被一刀劃分成「仰望坂上之雲的清美時代」與「由愚昧的領導者掀起有勇無謀的戰爭，導致國家幾近滅亡的時代」，如此天真的歷史觀只是為了讓高中生得以畢業所實施的歷史教育。

明治維新後的急速近代化、從太平洋戰爭戰敗後的一片焦土轉生的經濟發展——日本這個國家以及民族的力量的確令人驚豔，也值得讚揚，但是櫻花滿開的樹腳下，埋著遍地屍骸也是不容忽視的事實。

若是為了找出現代、未來的方向而學習歷史，絕不能忘記上述的事實，只將眼光放在神話故事或佳話美談，只能見到歷史的半面，跟著東南西北只能指示半面方向的羅盤肯定會迷航或遭遇海難。

必須注意的是，雙手越是骯髒的人，越需要偽裝聖潔的面具與美麗的神話。陷入戰爭的昭和年代，專為美化過去的復古主義便異樣的興盛。回顧日本的近代史，復古主義即使對國家、國民無害，卻也幾乎沒有帶來益處的例子。

現代的日本長期陷入少子高齡化的問題，愈來愈常見的非正式雇用也讓年輕勞工對未來充滿不安，加上因歷史問題而與鄰近諸國互相傾軋，或是代表仇恨言論的民粹主義，都讓現在的日本被稱為閉塞的時代。

過去日本曾有多段被稱為「閉塞」的時期，每一次都因為不願面對「不合理的真實」，導致美化過去的復古主義捲土重來。我們都必須對一味宣揚「過去是如何美好」的人存疑。

活在現代的我們能看清「現有的不合理」，所以一旦有人告訴我們，過去有多麼美好，當然會心生嚮往，只是若不夠冷靜、不夠仔細地回顧歷史，恐怕將犯下大錯。

「在過去那個時代，人人都互相幫助，處處都充滿人情味，相較於現在……」，只以電影或電視劇形塑的這類假象判斷，那就太危險了。一步一腳印地考證史料，就會發現近代的日本人雖然迂迴前進，卻也一步步地往前邁進。

綜合比較日本近代史的各時期之後，不難明白現代的確比過去「還美好」。若是只為懷舊而覺得「過去真是美好」或許還值得容忍，但是若以這種說法否定現代社會，豈不是對前人戮力從事的改良與改革太過失禮了嗎？

人類歷史發展至今總是清不離濁，濁而能清，令人稱頌的成功經驗（日俄戰爭的勝利與高度經濟成長）反成後世的絆腳石（二次世界大戰戰敗與泡沫經濟之後失落的二十年），我們也該牢記醜惡的失敗亦是有益的教訓。

後續介紹的日本近代故事，盡是歷史的「黑暗面」，我一點都不打算以譁眾取寵的方式自虐，也不打算故意扮黑臉，因為懂得美醜兼容、直視真實的「自畫像」才是成熟的大人，才是真正的國家。若只想看到「美麗的日本」，恐怕得高掛彼得潘（永遠長不大的少年）國家的招牌吧。

書中採訪對象的職稱僅於二〇一三年至二〇一四年上半年期間正確，已亡故的歷史人物不論時代為何，皆省略敬稱。

明治篇

摧殘舊事物的暴風雨
明治維新，狙擊文化資產的獠牙

明治維新時期，日本社會破除舊弊，力求文明開化的時代浪潮異常高漲，也否定了過於扭曲的前一個時期，最具代表的事端就是廢佛毀釋與寺院、城池的古文物（文化資產）因為廢城令而被破壞。

興福寺的五重塔險遭燒毀

以「神武創業」、「祭政一致」為國家理念的維新政府以伊勢神宮統轄全國神社，為日後施行國家神道奠立基礎。日本人的宗教觀向來神佛習合，寺院與神社也難分彼此，就連象徵神社的鳥居也有不同的起源之說，部分說法認為鳥居是隨著佛教傳入的中國牌坊「華表」，其他的說法則認為是古印度舍利塔的石門「托拉納」。

對於企圖讓日本傳統神話與神社結合的維新政府而言，佛教是路上非排除不可的大石頭，於是在一八六八年（慶應四年）三月十三日發布了「神佛判然分離令」。

據傳當時的政府本無意打壓佛教，但要讓長年緊密結合的神佛分離，某一方必然會被毀滅。或許是在狂熱的神道家鼓吹下，各地捲起廢佛毀釋的暴風雨。

第一波的破壞出現在近江的日吉山王權現社。神官們闖入本殿焚毀佛像與佛具，奈良的興福寺也被全面破壞，許多佛堂與佛塔也因為「大春日神宮」這項計劃而被破壞。

現在被視為國寶的五重塔被迫以二十五日圓售出之餘，為了取得塔中的金屬配件還差點被整座燒掉，幸虧當地居民反對才得以中止。

由於沒有固定的物價指數，所以明治初期的物價很難換算成現在的物價，但就明治中期至後期的高階公務員月薪為五十日圓來看，等同國寶的五重塔僅以區區數十萬日圓就售出。

甚至傳出與德川家有淵源的芝增上寺、上野寬永寺被悉數燒毀，鎌倉長谷的大佛被拆賣至外國的謠言。廢佛最為激烈的地區莫過於薩摩藩的領地。從一六一六年就存在的寺院全滅，約三千名的僧侶被迫還俗或服兵役。雖然各地區的廢佛活動不盡相同，但許多國寶級文化資產的伽藍[1]、佛像與佛具都於此時毀損。

1. 伽藍：僧侶修習佛道的居所，也指寺廟建築。

於二〇一一年（平成二十三年）慶祝創建一八〇〇年，全國超過二千處的住吉社總社住吉大社（大阪市住吉區）因為祀奉神功皇后而與皇室淵源深厚，在大阪擁有最多的初詣[2]香客，當地人常暱稱為「住吉先生」，在大社境內的北側曾有一處規模與本殿相當的大伽藍「住吉神宮寺」。

神宮寺曾在平安時代局部燒毀，於一六〇六年（慶長十一年）由豐臣秀賴著手重建後，據說本堂、東西雙塔、法華三昧堂、常行三昧堂、大日堂、護摩堂這些壯麗的伽藍曾如魚鱗般排列，後續雖被戰火燒毀，又由德川秀忠復原，直到幕末都得以維持原貌。

進入明治維新時期後，廢佛毀釋的暴風雨也殃及住吉大社，一八七三年（明治六年）二月之後，神宮寺面臨被拆毀命運。

「除本堂之外，其餘伽藍不是被拆賣就是被燒毀，但最後的下場如何，卻沒留下紀錄，許多佛像與文件也下落不明」，住吉大社的神武磐彥權宮司如此提到。

在眾多伽藍之中的西塔以五日圓多賣給德島縣阿波市的切幡寺，在解體與移建之後被稱為「大塔」，目前是德島縣的指定重要文化資產。

其他像是「五大力菩薩繪像」掛軸則有五幅被高野山接收，目前也是國家的重要文化資產。部分的迴廊與門板也被移至其他寺廟或神社，大伽藍的「石片」流落至各地。

神武權宮司一臉遺憾地提到：「假若伽藍能保有完整，諸多佛像、佛具或古文書一定會被同納為重要文化資產」。

唯一於神社境內倖存的神宮寺建築物是護摩堂。之所以能逃過一劫，全因護摩堂在江戶元祿時代歸神社所有，進入明治時代後，曾因祭祀大國主命[3]而更名為「招魂社」，目前於神社後方靜靜矗立，也是重要文化資產。神武權宮司提到「神佛分離與廢佛毀釋運動平息後，神社並非因此受惠，例如住吉的官幣大社在宮司的人事以及各層面都被國家接管，落入動彈不得的局面」，可見神社在過去這段歷史之中也是受難的一方。

大隈重信的一句話挽救彥根城

幕末時期，由幕府直轄的江戶、大坂、駿府、二条、甲府這五城，加上一百六十一座大名[4]的居城、藩的屬城，合計曾有約一百八十座城存在。這些城幾乎都於戰國時期建造，後

2. 初詣：新年第一次參拜的意思。
3. 大國主命：日本神名，較為有名的神話故事為因幡白兔。
4. 大名：諸侯。

因武器的演化，難以再作為軍事設施使用，於是紛紛轉為大名的住所或行政設施。

江戶城於一八六九年（明治二年）三月轉為皇居（又稱東京城）使用。大坂城於同年十一月歸兵部省管轄，在城內設置陸軍省、士官學校、炮兵工廠前身的設施，轉為軍事據點使用。

四年後，俗稱的「廢城令」宣布，這些城就交由陸軍與大藏省[5]處分。當時的政府壓根沒意識到這些城廓是文化資產，只將其視為封建時代的遺毒，同時也擔心這些城被反政府勢力占為據點，所以積極地予以破壞。

全國被列為廢城對象的城共有一百四十四處，這些轉換成大藏省財產的城被轉賣給民間後，成為學校用地，相關建築物幾乎都被拆毀。主要都市的城廓雖有四十餘處倖存，但充其量只被陸軍當成軍營或其他軍事用地使用。

結果，天守閣得以保留建城之際原貌的城廓僅有松本、彥根、姬路、犬山、松江、高知、伊予松山、丸岡、備中松山、弘前、丸龜、宇和島這十二處。

被聯合國教科文組織列為世界遺產的姬路城在當時以區區一百日圓轉賣給民間單位後，卻因過於高昂的拆除費用而被棄置不理。名古屋城（天守閣於太平洋戰爭的空襲燒毀，目前已修復）的金鯱也被視為無用的冗物拆除，城廓也應該曾被拆除（實情如何，眾說紛紜）。

每年四月上旬，一千二百棵櫻樹盛開的滋賀縣彥根市彥根城便有許多觀光客前來造訪，二〇〇七年（平成十九年），作為築城四百年祭吉祥物的「彥根貓」在天守閣底下展露可愛的模樣，也引爆了一股「吉祥物」風潮。

彥根城與姬路、犬山、松本並列為國寶四城之一，對於每年七十萬觀光人次造訪的彥根市而言，彥根城早已是不可或缺的觀光資源。這座名城早該在明治初期被拆得一磚一瓦不剩，卻因為奇蹟般的幸運得以留住現在的風貌。

彥根城於一八七一年（明治四年）的廢藩置縣歸政府所管，隔年成為陸軍的駐紮地，大門、石牆、石垣這些城廓的附屬建築物也被陸續拆除。

七年後的一八七八年（明治十一年），當時的政府決定拆除整座城，天守閣也準備以八百日圓售出。進入十月後，便於城廓周圍築起鷹架，準備展開拆除工程。

此時，結束北陸巡視行程，準備回駕京都的明治天皇正於鄰近的圓照寺留宿。

隨侍天皇的參議大隈重信恰巧前往彥根城參觀。在得知此處準備拆除後，便以「承載武士魂的容器（大隈語）的天守閣消失實在令人惋惜」為由，奏請天皇下令保存。

5. 大藏省：類似財政部的政府機關。

准奏的天皇便於十月十五日，以宮內卿的名義下令滋賀縣令保存彥根城。這真是因天皇巡幸帶來的僥倖＝幸運。

彥根市文化財部市史編纂室小林隆室長輔佐提到「假如彥根城真被拆除，滋賀縣的縣廳所在地就會是彥根市」。

因廢城令被拆除的城廓遺址通常轉為軍方或政府的機關用地，時至今日，仍有許多都市的縣廳或市政府位於舊城境內。德川家的譜代大名[6]井伊家的領地「彥根」曾是近江的核心地帶，所以城廓遺址曾一度很有機會成為縣廳所在地。

負責保有城廓原貌的彥根市文化財課久保達彥課長輔佐以及下高大輔主任提到「多虧天守閣保存得如此完整，每年才能有二十至三十件來自影視圈的拍攝申請，在地的中小學也常於彥根城舉辦歷史尋根的戶外教學」。

彥根市雖然未能成為滋賀縣的核心地帶，卻因彥根城得到歷史與文化的資產，這或許也算是因禍得福。

軼事

「武士的美德」已不符時代

明治初期，隨著「舊習一洗」的口號，從江戶時代延續的「因循（舊習）」陸續被否定。一八六九年（明治二年）三月，切腹廢止論被提出，隔年二月，漆齒[7]、引眉[8]的風俗也被禁止。

一八七一年（明治四年）十一月，東京府禁止裸身上街，同時禁止鳶職人[9]在身上刺青。這些禁令全因在外國人眼中是不知羞恥的行為。

一八七三年（明治六年）二月，政府下令禁止仇討[10]，三年後又頒布廢刀令，於是「武士的美德」就淪為落後的野蠻風俗而消失殆盡。

6. 譜代大名：數代皆服侍德川家的大名。
7. 漆齒：把牙齒塗黑，以便提早出嫁。
8. 引眉：剃除眉毛，並用墨在眉毛處描繪細長弓形的眉毛。
9. 鳶職人：負責高處建築工程的工人。
10. 仇討：直屬親屬被殺，可動用私刑報仇的陋習。

歐化這種狂熱
種族改造正式端上檯面討論

美國海軍提督培里（Matthew C. Perry）於幕末率領黑船艦隊打開日本門戶後，認知雙方在軍事、文明、科技上的落差而深受打擊的日本人，在進入明治時代之後，便對西洋抱有強烈憧憬，由這股憧憬形成的「歐化熱」也令許多人對西洋的事物趨之若鶩。

英語熱潮掀起，平民百姓湧入私塾

日本政府為了平反德川幕府與外國簽訂的各種不平等條約便積極推動歐化政策，也間接促成歐化這股熱潮。象徵「日本是能與西方各國締結平等外交關係的文明開化之國」的鹿鳴館正是歐化政策的典型之一。

當時包含肉食的西式料理、西式服飾、西洋音樂被廣泛接受之外，最被狂熱追逐的正是英語。

要吸收西方的技術與知識非具備語言能力不可，尤其英文更是重中之重，不過在當時，學習英語的熱潮可不僅吹進官僚與學生這些少數菁英之間。

打破不平等條約的第一步是原本只限於居留地居住的外國人得以於日本各地居住，在當時這種情況被稱為「內地雜居」，以為「外國人將進入日常生活」的平民便開始積極地學習英語。嗅到商機的商人也希望與外國人交易，所以學習英語這股風潮也吹進商界。

「世道至此，英語成為立身處世之利器也不足為奇，只要略懂英語，社會地位就能有所提升，無怪乎商店的掌櫃或跑堂，皆趁著午後休息時間前往英語私塾學習」（吉川速男〈明治的英語〉《相機與五十年》〔明治の英語；カメラと五十年〕）。

一八七三年（明治六年），官方在東京設立了外語學校，隔年，日本全國增至八所，外文書與英日字典不斷刊印，百姓也積極學習英語。據說明治初期的日本人都具有一定程度的英語能力。

「明治時期的日本人是為了能立即解決問題而努力學習英語，所以很快就學會英語，學到的英語也都非常實用。若能就此發展下去本是好事，之後卻演變成只重閱讀，非從文法入門的教育方式，導致後來的日本人能閱讀與翻譯外文書，卻無法說出流利的外文」（前揭〈明治的英語〉）。

對英語的過度崇拜甚至出現要立英語為國語的言論。

「（明治六年左右）曾有『以外文書寫國語』的言論。（省略）文部大臣森有禮也於這段時期前後撰寫英語版的日本語教育論，其中提及日語的不完善，也主張立英語為國語」（齋藤隆三《近世日本世相史》）。

當英語從「必要」轉變為「學習」，日本的英語教育就陷入迷霧。

據說於《何不讓英語成為公用語論》（あえて英語公用語論）講述世界共通語言的英語何等重要的記者船橋洋一曾說：「森有禮的英語國語化論源自面對西方世界的自卑，實在不值一提」。

「明治時期，學習英文的本意是希望告知全世界『日本為文明開化之國』，政治家也揣懷著讓全世界了解日本的熱情，所以學到的英語都能立刻派上用場。一旦缺乏這背後的動機，就無法學好英語」，船橋認為失去學習英語的初衷之後，日本人的英語能力也跟衰退。

對極端言論的反彈也讓英語熱潮開始冷卻。一八九一年（明治二十四年）的少年雜誌曾刊載下列的投書。

「不學（英語）的人曾被視為怪人、老頑固，學習漢學的人曾被排擠，但世道為之驟變後，有趣的日語小說連番問世，對英語生膩的民眾也立刻轉投日語小說的懷抱，至於可憐的外文書則被置於箱底乏人問津」（《穎才新誌》）。

不過，一八九九年（明治三十二年），改正條約生效前夕，英語熱潮又「死灰復燃」，怎麼學也學不好，惹得學子遍地哀嚎的「英語熱潮」至今仍持續中。

「與西方人結婚，留下優秀的後代」

過熱的歐化主義掀起了所謂的「改造運動」，讓當時的人們認為所有的舊事物都該效法西方改造，舉凡衣服、房屋、語言、教育、風俗，萬事萬物都成為改造的對象，最後甚至出現「連種族都需要改造」的畸形言論。

當時普遍認為日本與西方不僅在文明與科學有落差，連個人的智力、體格都遠遠不及西方的人，「高等民族」的西方人與「劣等民族」的日本人之間，有著一朝一夕無法縮短的鴻溝。

當時出現的「人種改良論」認為日本人應與西方人「雜婚」（國際婚姻），留下身心強壯、耳聰目明的後代，遂行人種改良此一目標。最具代表性的是一八八四年（明治十七年）由《時事新報》記者高橋義雄所著的《日本人種改良論》。

受到當時盛行的社會達爾文主義影響的高橋認為，自然界的優勝劣敗、適者生存的法則也適用於人類社會。

高橋曾以南美的例子提出「劣等人種的身心素質不足以接受突如其來的文明，反遭該文明滅亡的例子在野蠻人種的歷史之中並不罕見」的主張，煽動社會的不安。

他也認為：「考試不及格，就必須被打入不及格的級別」，不能淪為劣等民族的日本人必須「以人力施行淘汰制度」，躋身高等民族之列。

策略之一就是與高等民族通婚，「吾輩日本人論及雜婚只因歐美為優等人種」。

這種說法含有「上天不造人上人，也不造人下人」的思想，而這股思想源自那位福澤諭吉，高橋則是福澤的弟子。

福澤甚至為《日本人種改良論》寫序，大力推薦高橋的言論。「上天不造人上人，也不造人下人」的言論雖常被誤解，福澤理想上是追求人人平等，實際上仍提倡「（人類）的優劣是由上天決定，是無可動搖的結果」（〈教育之力〉〔教育の力〕）這種基於優生學的言論。

福澤也以「人種改良」一詞論述「人類的婚姻應仿效家畜品種改良，挑選優質父母誕下優秀後代」，也認為「體質孱弱、資質愚鈍的人禁止結婚」或是讓這些人避孕，避免他們「繁衍後代」，高橋的人種改良論就是由此延伸而來。

曾擔任東京帝國大學校長，同時身為憲法學者的加藤弘之以「這根本不是人種改良，而是人種清洗」（〈人種改良之辯〉〔人種の改良の弁〕）一詞批判上述的言論，但加藤的批判並未立基於人權論。

他認為「日本人應以純粹的日本人種與西方人種抗衡，透過公開透明的競爭搏取獨立，才是身為日本人的榮譽」，這充其量是源自純血主義的思想，加藤從骨子裡認同人種的優勝劣敗論，想法與福澤如出一轍。

於論文〈福澤諭吉的「全裸賽跑」與「人種改良」的思想〉（福沢諭吉の「丸裸の競走」と「人種改良」の思想）討論明治時期人種改良論的東京女子大學現代教養學部雨田英一教授認為：「（福澤的）優勝劣敗法則屬於漫長的演化史問題，人類的壽命過於短暫，所以從進化的角度闡述人種改良的問題並不妥當」，他也不認為福澤如高橋般，是「追求即時效果」的人種改良論者。一如「每個人並不懷疑日本人種劣於西方人種」這句話（加藤語），明治時期的日本人並不避諱對於西洋的自卑感。

雨田教授也提到：「若明治時期的人種培育是以『人種改良』為解方，那麼從本質徹底改良人種就是迫在眉睫的任務」（前揭論文）。

過熱的歐化熱退潮後，反噬而來的是民族主義這種新型「熱病」，「優越」、「劣等」

這種種族觀轉化成「最優越的是西方民族，其次優越的是我們日本人」這種卑躬屈膝的自卑感，這股自卑感最後也轉化為蔑視亞洲諸國的情緒。

軼事

漱石也感嘆「膚淺」的開化

鐵道、西洋醫學、西服、西樂、西式料理、基督教、陽曆、週日制——明治時期，西方文明如洪水般流入日本，當時的日本人也抱著憧憬與自卑交織而成的心境接受這一切。

身為明治社會嗆辣批判者的夏目漱石曾於明治末期以「現代日本的開化」為題演講，其中提到「西方的開化是由內而外，但日本現代的開化卻是由外而內」，感嘆當時的日本是被外力逼著開化，沒有半點來自日本固有的文化。漱石悲觀地認為日本在當時的開化「極為膚淺」。

「時間的開化」修改曆法造成的混亂
急於近代化的改革

一八七二年（明治五年）十一月九日，明治政府頒布這年的十二月三日訂為一八七三年（明治六年）的一月一日，將沿用千年以上的陰陽曆改制為陽曆（格里曆）。採用陽曆固然是邁向近代化不得不的措施，但紮根於庶民生活的曆法大改，也造成了各種混亂，其影響甚至禍延現代。

財政困難，取消閏月，節約人事費

日本最早的曆法為來自中國的元嘉曆，一般認為是於推古天皇時代的七世紀初期採用，自此，直至明治改曆的天保曆為止，共有十種曆法施行。

在夜裡只剩月光的時代，月亮自然是曆法的基準。陰曆的優點在於可透過月亮的盈缺了解日期。由於未被太陽照射的那一面總是面對地球，所以原本不見蹤影的月亮會從月初慢慢放大，到了月中形成滿月，之後再開始缺蝕，到了月末又完全消失。

住在海岸與河口附近的人們會透過月齡了解潮汐的漲退，所以陰曆對他們而言非常方便，只是月亮的盈缺是以二十九天半為周期，相較於陽曆，每年短缺十一天，而且不像陽曆與季節相應，每一年的日期與季節都會產生誤差，導致夏季與冬季每十六～十七年會互調。

為了解決這個問題，加算閏月，讓一年增至十三個月，藉此弭平誤差的陰陽曆才誕生。一般來說，平年有三百五十四～三百五十五天，閏年則有三百八十三～三百八十四天，每十九年有多達七個閏月。

不過在以閏年調整誤差之前，都無法避免季節的誤差，為了消弭這個誤差改以太陽運行軌道劃定的就是二十四節氣，例如春分、夏至就是其中之一。中世紀之後的農業社會都是以節氣決定播種插秧的時期。

現代使用的月曆雖然與季節一致，但在採用陽曆之前，日期與季節常有變動，未見到當年的月曆，無法得知季節，不過當時的人們會觀察星座的動向與大自然的變化來了解季節，因此未對生活造成不便。

但是近代社會可就不能如此，因為一到一年有十三個月的閏年，政府的預算與公共政策就會出現混亂，而且也無法與採用陽曆的歐美先進國家順利交流。

一八七二年（明治五年）十一月九日頒布的「改曆詔書」記載「季節與氣候會於閏年前後產生誤差」、「舊曆記載了占卜吉凶的曆注，但這些內容都是『荒誕無稽之談』」、「陽曆只需每四年增設一個閏日，所以更為精準與便利」這類內容，無疑是本闡述舊曆缺點與新曆優點的說明書。

改曆的同時，時間的計算也修正為定時法，一天被制定為二十四個小時，也採用上午與下午的概念。在此之前，日本採用的是不定時法。這種不定時法將一天劃分成晝夜各六等分，以「晝六刻」、「暮六刻」計算，只是晝夜的比例每日不同，所以每刻的長度也隨之增減。

改曆後約一個月的一八七三年（明治六年）一月四日，從江戶時代傳承下來的五節句（人日＝一月七日、上巳＝三月三日、端午＝五月五日、七夕＝七月七日、重陽＝九月九日）與八朔（八月一日）均被廢止。

取而代之的是神武天皇即位日（舊曆元旦）與天長節（天皇誕生日。舊曆九月二十二日）成為新的節日。這兩天在日後被換算為陽曆，分別是二月十一日（紀元節）與十一月三日。

之後又增設元始祭（一月三日）、新年宴會（一月五日）、孝明天皇祭（一月三十日）、神武天皇祭（四月三日）、神嘗祭（十月十七日）、新嘗祭（十一月二十三日）、春、秋季皇靈祭（春分、秋分）這類屬於皇室祭祀或活動的節日。

在新陽曆施行的那一年，神武天皇即位紀元，也就是所謂的皇紀也隨之開始。根據《日本書紀》的記載，神武天皇是於紀元前六六〇年即位，因此明治六年也被視為紀元二五三三年。

這些諸箭齊發的改革由參議兼大藏卿的大隈重信主導，而改曆背後的一大動機源自政府的財政問題。當時的諸多改革迫使政府財政陷入困境，人事費的比例更是高居不下。「每二、三年就必須設置一次的閏月讓該年增至十三個月，意味著該年的薪水與雜出必須比平年增加十二分之一」（《大隈伯昔日譚》）。

舊曆的明治六年為六月緊鄰閏六月的閏年，而在改曆之後，該年的閏六月與明治五年的十二月實質消失，相形之下，節省了二個月的人事費用。

「季語」與「語言的季節感」出現落差

大隈何時決定改曆雖不得而知，但一般認為是於一八七二年（明治五年）的八至九月左右決定，約莫是頒布改曆之前的二至三個月，而且從頒布到實施僅二十三天，綜觀全世界的歷史也未曾有過如此急躁的改曆，國民當然無所適從。

最遭受打擊的莫過於月曆製作業者。當時月曆的銷售雖由頒曆商社壟斷，但發表改曆時，舊曆的明治六年曆已然發布，二百七十萬本的大小正式月曆之中，有一百七十五萬一千本賣不出去，一百七十萬張的單頁簡曆有一百零二萬八千張賣不掉，損失金額高達三萬八千九百五十九日圓。

當時的庶民是以月齡作為基準的舊曆生活，所以陽曆對庶民來說是很奇妙的東西，才會出現「月亮會在晦日（三十號）出現」這種不可能發生的傳聞。基於換成陽曆就有可能發生這種現象的傳聞，所以當時的人們都困惑地說「如果三十號也會出現月亮，那雞蛋也該有四角形的」。

當時的人們十分反對新曆，甚至出現「日本將成為蠻夷之國的偏激言論，也批判採用耶穌（基督教）的正月這件事」（安田寬〈《一月一日》——因改曆而生的國民歌〉（《一月一日》——改暦によって生まれた国民歌」））。

改曆已如此突然，又在影響最為深遠的年末實施，再加上對陽曆的說明實在粗糙，導致新曆的評價一落千丈，被譽為「文明開化的解說達人」福澤諭吉只好推出一本厚達二十頁的《改曆辨》（改暦弁）解說。

這本解說書以平易近人的詞彙輔以適當的比喻說明陰曆與陽曆的差異、地球與月球的公轉以及時針的看法，所以造成熱賣，福澤也以稍微粗魯的口吻提倡陽曆有多麼合乎邏輯。

「日本國中若有人對此書存疑，必是不學無術的文盲或混帳。」

要從熟悉的舊曆改成新曆原本就談何容易，改曆又是如此的「急就章」，當然產生許多不完善之處。其中之一就是歲時記[11]未付梓修改，因此詩歌俳諧的季語也出現一至二個月的落差。之前被認為是二月開花的櫻花變成三至四月開花，原是四月季語的「衣更」卻變成五月之後。

這種季節感的混亂也延續到現代。「五月晴」一詞的意象為「五月快適晴朗」，但在舊曆卻是「梅雨偶晴」的意思。其他還有「正月無春之七草，桃子的季節無桃，七夕只見梅雨不見星」這類揶揄之詞。

立春（二〇一三年為二月四日）、立夏（同年五月五日）、立秋（同年八月七日）這些二十四節氣也失去詞彙原有的季節感，只是這並非改曆的錯，而是春夏秋冬的定義產生變化，因為舊曆時代將一至三月定義春天，四至六月為夏天、七至九月為秋天，十至十二月為冬天。

政府推出的官曆將原有的占卜吉凶視為迷信排除，導致官曆不受民眾歡迎，記載大安、佛滅這類六曜或民間信仰的偽曆（俗稱怪曆）也趁亂流通。新曆遲遲無法於各縣市的農村普及，直到昭和二十年代，仍有近四成的農村保有舊曆正月的習慣。

改制為新曆後，月曆由文部省製作，後續由內務省接手。一八八八年（明治二十一年），由東京天文台（東京麻布）發起編撰月曆的作業。

現在是由國立天文台（東京三鷹市）的「曆計算室」於每年二月一日的官方報紙發表隔年的月曆，其中包含日期固定不變的春分、秋分、各類假日、星期表、二十四節氣，以及季節變遷觀察標準的土用、節分、彼岸這類雜節[12]與朔弦望（月亮的望朔盈缺）、日出日落、日蝕、月蝕這類資訊。

曆計算室長片山真人提到：「太陽、行星、小行星的軌道不固定，所以有必要觀測，月曆的部分則根據美國發射的探測器所收集的資料製作月曆」。

同時片山先生認為「二十四節氣在陽曆雖不是絕對必要，但以舊曆考察地區文化或歷史之際，就顯得別有意義」。

---

11. 歲時記：亦作歲事記，指的是記載四季事物與全年節日的書籍，江戶時代以後，主要是介紹俳句的季語以及解說季語的書籍。

12. 雜節：依照二十四節氣制定的日本本土節日。

軼事

赤穗浪士的復仇之日在一月？

於改曆之際被坐視不理的問題之一就是歷史日期的標記方式。歷史教科書介紹舊曆時代的事件時，會將年份改為西曆，但是月份與日期卻仍原封不動，導致書上記載的日期與實際發生事件的日期有出入。

舉例來說，據傳師走[13]即景詩的志穗浪士復仇之日為一七〇二年（元祿十五年）十二月十四日，一旦換算成現在的格里曆，就變成隔年的一七〇三年一月三十日，本能寺之變的日期原是一五八二年（天正十年）六月二日，換算之後也變成七月一日，所以最近常看到西曆與舊曆雙方並記的標記方式。

13. 師走：日本對十二月的舊稱。

群情激憤！諾曼頓號事件
深刻體認不平等條約之痛

一八八六年（明治十九年），英國貨船諾曼頓號（Normanton）於和歌山縣紀州沿海沉沒，船上的日本人全體罹難，英國人與其他西方船員卻幾乎悉數獲救。當時的英國領事館於海難法庭宣判「船長無任何過失」，此舉惹得輿論沸騰，日本國民總算知道自己的國家無力審判外國人的罪行，也體認不平等條約的存在。

「日本人如貨物般被捨棄」

十月二十四日，和歌山縣紀州大島沿海因暴風雨而不平靜。從橫濱港航向神戶的諾曼頓號於這片海域觸礁後，同日晚上八點後沉沒。

放下逃生小艇的船員們陸續逃離，得知船難的附近漁民也於艱困的海象之中展開賭命的救援活動。

當時船上共有六十四人搭乘，最終僅二十五人得救，三十九人遇難，令人震驚的是遇難名單，因為其中有二十五名日本乘客，全被關在船艙裡，與該船同歸於盡。其餘的罹難者包含印度船員十三人、西方船員一人，反觀生還者包括英國船員十一人，僅一名中國男孩不是西方人。本該以船員、乘客的安全為最優先任務的船長德瑞克也是生還者之一。

日本政府在四天後的二十八日才接到報告，當時井上馨外相認為日本人全員死亡，僅西方人生還一事「非比尋常」，於是日方便對船長提出過失責任的告訴。

不過當時的日本政府正忙於修正江戶幕府與歐洲各國簽訂的不平等條約（放棄領事裁判權、關稅自主權與最惠國待遇這類條約），無暇調查生還者與罹難者為何一刀劃成西方人與非西方人，也無力在法庭追究船長的責任。

十一月一日到五日，海難審判在神戶的英國領事館召開，船長德瑞克與其他船員均以「無過失」獲判無罪。日方對此判決表達強烈不滿，便在井上外相的指示下，由兵庫縣知事內海忠勝在同月十二日向英國領事以殺人罪對德瑞克船長提起告訴。

船難發生五天的十月二十九日，普羅大眾雖透過《神戶又新日報》得知事件，卻未引起全國性關注與騷動。

直到船難審判的結果出爐，各報社便群起撻伐，國民也將行政處分的判決誤會為刑事判決的「無罪」。一時間群情激憤，反英情緒迅速高漲。

尤其當船長德瑞克聲稱「呼籲日本乘客避難時，日本乘客全體集在一起，拒絕登上逃生小艇」，認為責任應在日本人身上時，更是進一步激怒日本國民。

福澤諭吉於十一月十五日的《時事新報》發表「該如何看待諾曼頓號沉沒事件」社論，其中提到德瑞克的逃罪之辭是「死無對證」，難以了解事件真相，甚至點出「為了避免逃生動線混亂而將日本乘客關進船艙」的可能性。

了解此事件來龍去脈的奈良縣立大學副教授戸田清子提到「日本的近代化是由國家主導，因此當時的國民覺得不平等條約是遠在天邊的事情，日常生活幾乎不會因此有所不便」。

戸田副教授也提到，當時的國民之所以如此激昂，在於「為什麼只有日本人全體罹難，為何船長以下的英國船員不需扛起過失責任」，同時認為國民會如此直接表達憤怒，是基於「西方人對東方人的偏見，以及遭受歧視所產生的自卑感」的時空背景。

「國家門戶大開後，日本人的自尊心不時因西方人受損。此次事件的悲慘結局讓國民聯想到不被西方人當成人類看待的屈辱感，也對明治政府為了修正條約所推動的歐化主義政策產生反感」。

諾曼頓號本是艘貨船，但當時的鐵路尚未發達，所以許多日本人會在需要長距離移動時搭乘外國貨船。貨船的設計不同於客船，乘客也被迫與貨物一同待在貨艙。

基於這點，有許多人懷疑日本人「是不是被當成貨物捨棄」。在海難宣判之後的兩週，主流報紙無不以「國民的公憤」這類煽動性字眼為新聞標題：

「英船諾曼頓號船難為何只有日本人死傷慘重？」

「是誰讓二十三名（一開始認為日本人罹難者為二十三人）的日本人葬身魚腹。」

國民的憤怒從反英激化為反外國這類幕末以來的攘夷情緒。

希望入船長於有罪的政府誘導輿論

拍岸浪聲漸高漲
夜半暴雨驚夢醒
遠眺無盡青海原
我家兄弟在何方

這是事件發生隔年的一八八七年（明治二十年）所做的〈諾曼頓號沉沒之歌〉（ノルマントン号沈没の歌）的第一號。這首歌的編號多達五十九，第十二號的「外國船隻的可恥、殘忍非人的船長是名為卑鄙無恥的奴隸鬼，對他人的可憐無動於衷」，將船長德瑞克罵成魔鬼。

擔心反英情緒進一步擴散的英國當局在接受日方的提告後，十一月十九日，在一審判德瑞克有罪，三審則在訂在十二月於橫濱領事館召開。這部分才是真正的刑事審判。

從日本對德瑞克提起告訴的十一月中旬，東京具代表性的五間報紙就開始替被害者家屬募集捐款，也於該月月中持續發行激起輿論與勸募的小手冊。

主要的內容包括《英船諾曼頓號沉船始末篇》、《諾曼頓號事件日本大勝利》、《諾曼頓號沉沒內幕》（英船ノルマントン号沈没事件審判始末；ノルマントン号日本大勝利；英船ノルマントン号沈没事情）。

此外，報社、政治團體與宗教團體也舉辦為數眾多的演講。

不過在事件平息之後，部分的歷史研究指出這一切是日本政府在背後誘導輿論。

「先以殺人罪對船長德瑞克提出告訴，再透過報紙煽動輿論，待輿論沸騰至無可忽視的程度，藉此影響審判正是日方所寫的劇本」（北原系子〈諾曼頓號事件與捐款問題〉（ノルマントン号事件と義捐金問題〉）。

也有史書記載剛剛介紹的〈諾曼頓號沉沒之歌〉在當時造成大流行，卻沒留下實際被唱詠的紀錄。

「就歌詞而言，這首歌明顯不是在事件當時所做，而是為了回顧這個事件，重現當時（排外）的集體意志所做」（同）。

「官方操弄輿論」，引發庶民暴動。十一月底在東京發生英國公使夫人的馬車被襲擊未遂的事件，在神戶也發生葡萄牙領事遭受暴行的事件，即使葡萄牙與英國毫無關係。脫離希望判決有罪的政府意志，逕自無限上綱的排外事件開始受到注目，英國也提出強烈的抗議，當時的政府也不希望繼續刺激條約修正的交涉對象，於是準備改弦易轍，撲滅輿論的怒火。

除了演講之外，以該事件為題的戲劇一律禁止，報紙則配合政府的資訊操作（就某種意義而言，也是考慮國家利益）改變論調。

《時事新報》主張「眼下正值條約修正談判之際，外交官之間不能產生任何不悅的情緒」，各報也紛紛讚揚提出領事裁判的英國，藉此平息紛擾的輿論。

最為關鍵的橫濱領事裁判於十二月八日宣判，船長德瑞克被宣告殺人罪（相當於現代的過失致死罪），入獄服刑三個月。

只是輿論早已風平浪靜，有罪判決也被批為「只為平息輿論的儀式」（井出孫六《明治民眾史》）。

這個事件被認為是民眾要求修正不平等條約的一大契機，但戶田副教授則認為「國民總算知道西洋各國認為日本是劣等、落後的國家，不願以主權國家平等待之。明治時期的日本該於國際社會如何自居，不應全盤委託政府，國民本身也有思考的機會」比較接近當時的狀況。

結果，日本乘客全員死亡的真相就在未及查明之前不了了之。

俯瞰船難海域的和歌山縣勝浦港狼煙山茂林之中，有座「諾曼頓號遭難碑」隱立。這次事件雖然成為日本人思考不平等條約的契機，也被刻入日本的史冊，卻少有人知道這場悲劇並未真相大白。這座碑不啻象徵著這個結局。

軼事

不平等條約直到八年後才得以修正

諾曼頓號事件發生後的八年，也就是一八九四年（明治二十七年）七月，日本與英國簽訂日英通商航海條約，明治政府在條約修正這件事上總算如願以償。

此項條約締結後，英國在日領事裁判權被撤銷，日英雙方擁有對等的最惠國待遇，日本也拿回部分的關稅自主權，同時間，日本也與其他歐美各國簽訂相同的條約，並且從一八九九年（明治三十二年）七月正式生效，外國人居留地也連帶歸還日本。

日本的國際地位因一九〇四至〇五年的日俄戰爭勝利大為抬高後，一九一一年（明治四十四年），經由小村壽太郎外相等人的交涉，關稅自主權得以全面恢復，不平等條約也完全廢除。

西鄉生存傳說的狂騷

維新的英雄如同夢幻般的生還

在一八七七年（明治十年）西南戰爭拉下人生帷幕的西鄉隆盛被譽為維新的英雄，明治百姓謠傳他如義經傳說[14]中的源義經「逃至國外」，而這種幻想源自對明治政府推動的近代化不滿，對專制政權感到鬱悶的人們心中的願望。

與俄羅斯皇太子一同前往故鄉？

西鄉於一八七七年九月二十四日在鹿兒島的城山被政府軍包圍，後來決意切腹自殺，並由薩摩軍先鋒隊長別府晉介負責介錯[15]，但在切腹自殺之前，早就是活生生的傳說。

14. 義經傳說：有關源義經的英雄傳說。這個傳說的版本有很多種，一為源義經因為哥哥賴朝不信任他而逃走，次其則是未死於平泉，逃到大陸成為成吉思汗。
15. 介錯：負責幫切腹自殺的人砍頭。

每隔十五年或十七年，火星就會非常接近地球，而西鄉正是在這樣的一年被逼入絕路，尤其八月更是火星最近接近地球的時期。人們在夜空看到如火光閃爍的碩大火星時，便會稱其為「西鄉星」。

西鄉死前一個月，西南戰爭正陷入白熱化，當時八月十二日的《東京曙新聞》報導了下列的新聞。

「看似更深人靜的午夜二時，其光芒突然大為閃爍，令人望之生畏。然而這全是西鄉大人的魂魄升天，成為天上星宿，怕是滿腔遺恨無處可發，才發出如此閃爍灼熱的火光吧。」民間流傳著以望遠鏡觀察西鄉星，就能看到身著陸軍大將官服的西鄉，於是民眾紛紛走至陽台欣賞。

當時的錦繪常繪有西鄉星。據估計，與西鄉、西南戰爭有關的錦繪約有五百幅，其數足以與甲午戰爭的錦繪匹敵。

在當時，錦繪並非美術品，而是百姓的「平價新聞媒體」。「民眾從錦繪見到西鄉軍的奮勇英姿，心情為之雀躍，也相信西鄉與西鄉軍是為了實現『新政厚德』而奮戰」（佐佐木克〈西鄉隆盛與西鄉傳說〉〔西鄉隆盛と西鄉伝說〕《岩波講座日本通史》第十六卷）。

即使西鄉的死訊公開，他仍然於中國、印度、南洋小島活著的傳說卻持續流傳著。

鹿兒島市立西鄉南洲顯彰館高柳毅館長提到「西鄉自戕後，薩軍藏起西鄉的頭顱，致使官軍找不到，最後演變成找不到西鄉頭顱的說法。或許是希望西鄉還活在某處吧，鹿兒島曾有不少人相信存活的傳聞」。

除了因西南戰爭化為焦土的熊本縣，西鄉的人氣可說是遍及日本全國，或許這是基於西鄉獨特的神祕性、人民對政府的反感以及同情落敗一方的背景。

一八八九年（明治二十二年）二月十一日，大日本帝國憲法頒布的同時天下大赦，西鄉背負的國賊汙名得以洗刷，也被追贈正三位官職，其目的在於「重新定義西鄉，將謀逆的英雄納入『官』的框架」（小川原正道《西南戰爭》）。

這次的名譽恢復引爆了西鄉存活說。二年後的一八九一年（明治二十四年），存活說可說是呈燎原之勢。

是年四月末，俄羅斯尼古拉皇太子（後來的尼古拉二世）訪日。在此之前已有「皇太子該不會是為了日後侵略日本才來日本偵察的吧？」的傳聞。

除此之外，報紙也寫著「未於城山自盡的西鄉逃至西伯利亞，在俄羅斯成為將軍，此次隨皇太子一同搭乘軍艦返國」。

三月二十五日，於《鹿兒島報紙》（鹿児島新聞）刊載的投書引爆了新聞報導大混戰，內容大致是除西鄉之外，桐野利秋、村田新八這些西鄉的親信在城山被攻陷之前脫逃，後來搭乘俄羅斯軍艦在海參崴港登陸，最後於西伯利亞訓練俄羅斯軍隊。

如此荒誕無稽的報導當然被參與西南戰爭的政府高官全盤否定，但各家報紙不但繼續以訛傳訛還加油添醋。

「於城山自殺的是名為東某的影武者」、「西鄉仍於北京存命」、「在鹿兒島的西鄉墓碑遠比其他墓碑小」。

一八八六年（明治十九年），於南支那海（南海）行蹤不明的巡洋艦「畝傍艦」被傳成幽靈船，甚至傳出這艘船準備載西鄉回國的「怪談」。

尼古拉皇太子的旅程也讓存活說、生還說熱度上升。皇太子一行人原本計劃在抵達長崎後，行經鹿兒島，前往關西、橫濱與東京。

皇太子之所以希望造訪鹿兒島，是希望見識推動維新革命的豪傑的故鄉，但是民眾卻以為是為了要「送西鄉回鄉」。

四月二十七日，載送皇太子的俄羅斯軍艦抵達長崎港，以為西鄉會現身的群眾紛紛湧至碼頭圍觀。

越描越黑的謠言誘發大津事件

在西鄉存活說於日本全國騷動時，西南戰爭當時的舊錦繪與肖像畫大為熱賣，而且也出現薩摩軍為了籌措軍費所發行的「西鄉紙鈔」會隨著西鄉生還而兌現的假消息，最後甚至演變成買空賣空的詐欺。

雖然俄羅斯皇太子實際訪日後，西鄉並未同行一事立刻得到證實，但仍然傳出有位俄羅斯軍官與西鄉的樣貌、體格都相似的「目擊證詞」，導致生存說熱度不減，最後甚至引發嚴重的歷史事件。

原因出在東京某家報紙未經查實的報導——聽到西鄉存活說的明治天皇開玩笑的說，「如果西鄉回來的話，那是不是剝奪西南戰爭官軍的勳章呢？」

結果有位男子信以為真而陷入苦惱。他就是滋賀縣守山警察署的巡查津田三藏。身為官兵的津田在西南戰爭作戰時身負槍傷，戰後依此軍功獲頒七等勳章。身為區區巡查的津田覺得自己懷才不遇，便時常以參與西南戰爭與勳章為榮。

經過新聞連日報導後，相信西鄉還活著的津田開始擔心，假若西鄉生還，重新登上日本領導者一位，西南戰爭的官軍與匪軍將立場互換，比生命還重要的勳章豈不是會被剝奪了嗎？

津田以為散布西鄉生還說的是俄羅斯皇太子。這或許是因為當時的日本人對俄羅斯存有警戒，也受到皇太子訪日是為了偵察的流言影響，便對皇太子懷恨在心，隨著被害妄想症的症狀加劇，津田便出現精神官能症的症狀。

於長崎、鹿兒島、神戶、京都遊覽的俄羅斯皇太子一行人，在五月十一日造訪滋賀縣。皇太子搭乘人力車經過大津的鬧區時，於路旁負責警備任務的津田突然抽出腰間佩刀砍向皇太子。這就是俗稱的大津事件。

儘管存活說在大津事件降溫，但「西鄉聖人傳說」卻傳開。西鄉南洲顯彰館高柳館長表示：「當時的庶民因為西鄉打破封建而十分感謝他，認為維新的功臣在東京住豪宅、享盡榮華富貴，西鄉卻不改清貧之志。這點最受民眾愛戴。」

確定西鄉庶民形象的是位於上野的銅像。

立銅像的計畫於一八八三年（明治十六年）西鄉的七回忌成形，但西鄉當時的身分仍是「賊」，所以立刻被推翻，等到一八八九年憲法頒布的大赦恢復名譽，銅像才著手建造。

最初的提案是打造西鄉於馬上著陸軍大將軍服的銅像，立像地點也不是上野，而是皇居正門之外的廣場。

不過陸軍軍服像與設置在皇居附近這兩點都因「過去曾是國賊」這點而被當時的政府駁

回，於是宮內大臣提出地點改為帝室博物館管轄的上野公園這項替代方案。

接著思考的是，除了軍服，何種服飾最為適當。西鄉喜歡爬山，也是愛狗之人，常於故鄉的鹿兒島獵兔，所以決定打造成穿著和服，拉著狗狗散步的模樣。

西鄉生前沒拍過照片，所以大部分的日本人都不知道他的長相，而錦繪裡的西鄉都是蓄著鬍子的精瘦男子。

基於「盡可能與實際樣貌相近」的理念，雕刻家高村光雲參考出自政府聘雇畫家契索尼（Edoardo Chiossone）之手，公認最接近西鄉本人的肖像畫打造銅像，而且也依照西鄉本人的體型，將銅像打造成肥胖的模樣。

據說銅像完成後，民眾才知道西鄉原來是個胖子（有關銅像的說明是參考惠美千鶴子〈西鄉隆盛銅像考〉）。

一九一一年（明治四十四年）的〈東京銅像唱歌〉唱著「齊聚於上野之山，受萬眾景仰（省略）掀起西南之役，一片赤誠，眾人皆知」。

西鄉熱潮於西鄉三十三回忌再次掀起。一九一〇年（明治四十三年）日韓合併，西鄉也被定位為亞洲主義的先驅者。

軼事

「隆盛」其實是其父之名

西鄉的名字原本不是隆盛，而是「隆永」，隆盛是其父之名。直至幕末為止的武士，照慣例都有日常使用的字與作為本名的諱。諱是寫於墓碑與正式文件的名字，平常不會掛在嘴邊，所以通常不為人知。西鄉在平日都被喚為「吉之助」這個字。

戊辰戰爭結束後，準備寄送詔書給西鄉的朝廷便詢問西鄉的本名，令人驚訝的是，連大久保利通都不知道。此時某個人誤把西鄉父親的名字往上報，致使詔書上面的名字寫錯。天皇的詔書是不容修改的，自此，西鄉也只好自稱隆盛了。

脫亞、從尊敬到蔑視
對沒有及時改革的清國幻滅

自古以來，日本人就對東亞大國的中國抱有敬畏與憧憬之情，但在進入十九世紀之後，中國那副被西歐列強侵略，卻無力還手的模樣，讓日本人大失所望，態度也從尊敬轉為蔑視。明治維新後，迅速完成近代化的優越感也讓日本更為鄙視改革牛步化的中國。

以「文明與野蠻的戰爭」一詞正當化戰爭

或許因為儒教為官學，日本人對中國文化、學問為之傾倒的歷史高峰就在江戶時代，例如江戶中期的知名儒學學者荻生徂徠便自稱「物茂卿」，許多學者也取了充滿中國風的名字。

令這般日本人對中國改觀的是清國對西歐列強一連串的屈服，例如一八四〇年（天保十一年）掀起戰端的鴉片戰爭或是一八五六年（安政三年）的第二次鴉片戰爭（亞羅號戰爭）。

進入幕末後，像高杉晉作這種實際遠渡中國，親眼見識清國腐敗的日本人越來越多，對中國的憧憬與失望交錯而成的複雜心情就此萌芽。

這些事並未讓日本人立刻看不起中國，當時也有許多人提倡日清兩國應攜手阻止歐美列強侵略東亞。不過當文明開化的風潮高漲，日本的領導階層與知識分子發現，於近代化落後的中國是「固陋（囿於舊習）之國」。

最具代表性的是福澤諭吉的「脫亞論」。福澤斷言清＝中國不足以成為攜手對抗歐美的友邦，只是「損友」。

福澤提到「我國不該等待鄰國開化，一同振興亞洲，而是該脫隊（脫亞），與西洋的文明國家共進退。與支那、朝鮮接觸之際，不須因為是鄰國而特別打招呼，只須仿照西方人的方式待之。與損友為伍，難免被冠上惡名，我們應該打從內心謝絕東亞損友。」

日後被譽為「憲政之神」的尾崎行雄也提到「蓋支那為固陋之國，耽於舊物而不自知之國也」，其輕侮之心昭然若揭。

為求近代化而採取極端歐化主義的日本人，需要為其面對西方的自卑找到出口，而這個宣洩對象正是「貪於懶惰」的中國，優越感與輕侮感也就此釀成。

最關鍵性的一役就是甲午戰爭（一八九四年〔明治二十七年〕～九五年）。戰爭的導火線是日本與清國爭奪朝鮮半島的統治權。

許多人反對與清國打仗，例如勝海舟就批評不對抗「真正的敵人」也就是歐美列強，反與同為東亞的清國打仗實在是「師出無名」，就連明治天皇也不滿地表示「此次戰爭並非朕之本意」（《明治天皇紀》第八卷）。但日本將這場戰爭定義為「開化之國・日本」與「因循固陋之國・清」的「文明與野蠻之戰」，美化為所謂的「義戰」。

在明治時期前半，日本國民對中國並不反感，也未有輕侮之心。「在這場戰爭開始的那天之前，我們日本國民未曾認為支那人是敵人，我們心中沒有半點對支那的憎惡」（生方敏郎《明治大正見聞史》）。

即使國力日衰，清＝中國仍是大國。或許是想抹去心中的恐懼吧，「一聽聞戰爭爆發，憎惡支那人的情緒便立刻反映在繪畫或歌曲裡」（生方敏郎《明治大正見聞史》）。

日清談判破裂
東艦被迫從品川航出
西鄉之死全因爲他
大久保被暗殺也因他們
那些剃光頭、留著小辮子的傢伙

將西鄉隆盛、大久保利通之死全怪在清國頭上的民謠〈欣舞節〉於當時造成流行，日本士兵將清兵斬於馬前的戲劇也盛況空前，觀眾無不瘋狂地鼓掌喝采。

「民謠、繪畫、報章雜誌、戲劇多為嘲弄支那人，引觀眾哄堂大笑的題材」、「夏日祭典的射箭遊戲也以支那兵為靶」（前揭《明治大正見聞史》）。

日本於甲午戰爭勝利後，日本人對中國的輕視之心也更為成形。「中國缺乏近代化的能力」這類政治評論不斷出現，直到昭和時代也不停歇。

當時習慣以「chanchan」（チャンチャン）、「豬尾巴」這類詞彙取笑清國人的髮辮，而這些詞彙連小孩都能朗朗上口。作家谷崎潤一郎回憶「這跟我們被歐美人士稱為小日本一樣（略），對中國人實在甚為失禮」（〈老人的嘮叨〉〔老いのくりごと〕）。

民眾嘲笑俘虜，也同情俘虜

甲午戰爭的宣戰詔敕寫道「誠願恪守國際法」，明白表示日本願意遵守國際法。當時的日本正企圖修正不平等條約，也希望被國際社會認同為文明國家。日俄戰爭的宣戰詔書也記載了恪守國際法的宣示。

不過這背後藏著西方與亞洲有別的雙重標準，凸顯這個問題的關鍵就是高陞號擊沉事件。於甲午戰爭首戰的豐島海戰（一八九四年〔明治二十七年〕七月二十五日），運載一千一百名清兵的英國船籍「高陞號」，被日後於日俄戰爭擔任聯合艦隊司令官東鄉平八郎艦長的巡洋艦「浪速號」擊沉。

浪速號雖救起英國船長與西方船員，卻射殺溺水的清兵。害怕此事東窗事發的日本政府便收買英國船員。「贈予船長貳千日圓、一等駕駛一千五百日圓、領航人八百日圓」（外務省編纂《日本外交文書》）。

清兵約有一千八百人在甲午戰爭中成為俘虜，後續約有一千一百人被移送到日本國內九處收容所（廣島、松山、大阪、大津、名古屋、豐橋、東京、高崎、佐倉）。見到這些被移送至收容所的俘虜之後，日本人更加輕視中國，報紙也登載下列的各地情況。

「群眾有時用力毆打清兵，有時對著清兵大叫惡臭難當」（廣島）。

「圍觀俘虜移送過程的數萬名群眾一同高聲大喊『哇啊』」（大阪）。

「有些圍觀者會大喊『看看那些南京混帳、豬尾鬼、鬼樣子』，笑罵之聲，如雷貫耳」（東京）。

俘虜成為民眾爭先圍觀的對象，作為名古屋收容所之用的建中寺在區區二十天內，湧進十萬人左右。「來自附近鄉村、城鎮的圍觀群眾多到幾乎看不見這整座山，許多銷售水果或甜點的攤販也於建中寺門前設點，一時間人聲雜踏」（一八九四年十月十九日《扶桑新聞》）。

從戰場擄來的俘虜被嘲笑為「好髒」、「好臭」，也成為煽動愛國心的材料，同時間，也有不少同情俘虜的聲音。

「如今清兵已非敵人，僅為乞降的黃種人。既為紅十字會的同盟國，且陛下的聖心寬大，應會讓負傷士兵與我方軍人接受相同治療，那些視清兵如仇寇，一味漫罵、嘲笑的人，絕對無法得償所願」（一八九四年十月七十日《日出新聞》）。

只是清國對於日本俘虜殘酷至極，視國際法如無物。日本俘虜的遭遇也進一步強化日本民眾對抗清國的心理。

在日本全國約八十處的陸軍墓地之中，大阪市天王寺區舊真田山陸軍墓地堪稱面積最大（約一萬五千平方公尺），其中約有五千座墓碑。部分於明治初期的佐賀之亂、西南戰爭、昭和時期的盧溝橋事件乃至太平洋戰爭的傷亡者葬於此地。

在五千座墓碑之中，有六座是甲午戰爭被俘的清兵的墳墓。據說是重視國際法的日本陸軍下令，客死他鄉的俘虜才得以葬於此地。

真田山陸軍墓地維持會吉岡武常務理事提到「於此地長眠的，幾乎都是二十幾歲的年輕人。每每看到這些墓碑，都覺得這些年輕人在當時應該懷抱著許多夢想，卻全部於戰爭斷送。不管是日本人還是俘虜都同感這份遺憾與悲傷」。

該墓地於每年十月下旬舉辦慰靈祭，也於每座墓前獻花。二〇一二年（平成二十四年）七月，中國的電視局曾為了中日建交四十周年紀念節目前來此地採訪。可惜同年九月，中日關係因日本宣布釣魚台國有化而極度惡化，導致這個節目未能公開。

軼事

日本也趁義和團事件之亂，行掠奪之實

從一八九九年持續至一九〇〇年的中國排外運動義和團事件（北清事變）受到日本與歐美總計八國的鎮壓，歐美各國的軍隊也趁亂犯下種種暴行，盡掠奪之能事。日本因軍紀森嚴，幾乎未犯下任何違法行為而享譽國際。

不過第二次世界大戰後的研究指出，當時的日本軍也趁亂掠奪中國。根據日本外務省公開的《日本外交文書》指出，當地的司令官曾向海軍大臣報告「遺憾的，無法阻止我軍掠奪」。當時的新聞《萬朝報》（万朝報）曾報導此一事實，展開一連串的批判活動。

可悲的立身出世主義
「透過努力成功」的升學之夢

進入明治維新時代之後，日本人總算從近代的身分社會（階級社會）解放。不論出身，只憑能力、努力，就能得到地位與名譽的「立身出世」之夢令青年邁開步伐，急速推動日本的近代化。只是當社會制度趨於穩定，一小撮的勝利者與夢想破滅的失敗者便應運而生。

重視學歷、考試競爭趨於白熱化

「天助自助者。」

率先刊載這句名言的《西國立志編》（西国立志編）是於一八七一年（明治四年）發行，隨著後續的再版與修訂，總共賣出一百萬本以上，成為與福澤諭吉的《西洋事情》並駕齊驅的明治暢銷書。這本書是由舊幕臣中村正直翻譯歐美暢銷英國作家山繆爾．斯邁爾斯的《自己拯救自己》一書而來。

斯邁爾斯指出，要力爭上游與飛黃騰達，必須具備努力、勤勉、節儉、忍耐諸多美德，尤其主張貧困非但不是不幸，而是來自上天的啟示，年輕時代的刻苦努力可通向最後的勝利。這番只憑己身努力就足以實現夢想的言論，令那些未及搭上維新動亂順風車的低階年輕武士聽得如痴如醉。

立身出世一詞是由兩個意義不同的詞彙組成，「立身」為武士常用的儒學用語，指的是地位提昇，「出世」則是佛教用語，意謂佛祖為拯救蒼生現身於世，在江戶時代的意思則是百姓經濟充沛，生活過得滋潤的意思。直到階級流動僵化的近世結束之前，日本都屬於身分社會，當時的人們無法追求地位提升的同時又追求財富。隨著近代的帷幕揭開，「四民平等」成為顯學，人們能自由選擇職業與居處，階級也開始流動。

青年的內心也因此安裝了「立身出世的加熱馬達」。《西國立志編》是一本鼓吹青年力爭上游的「讀本」（竹內洋《立身出世主義》），更是「明治時代的《聖經》」（Earl. H. Kingmonth, *The Self-Made Man in Meiji Japanese Thought: From Samurai to Salary Man*）。

小學老師會在課堂上怒喊「好好用功讀書，成為偉大的人」。小學驪歌〈仰望師恩〉（あおげば尊し，一八八四年〔明治十七年〕）也唱道「立身揚名、努力吧」。

在江戶時代結束之前，日文的「勉強」一詞都是「勉為其難」、「殺價」的意思，但在進入明治時代後就轉化為「勤勉」、「竭力求知」之意，當時的日本人對於立身出世、追求成功的狂熱也可見一斑。「因為日本原是階級分明的社會。（略）階級漸趨細分後，僅是些微的地位差異，都會造成明顯的勢力落差，因此形成絕對的權威與順服。（略）哪怕只是地位略高，地位較低的一方都必須絕對服從」（竹內洋《競爭的社會學》〔競争の社会学〕）。

學校的學長學弟、企業裡的前輩後輩，這種上下關係、服從關係在現代並不罕見，人們也汲汲營營地謀取更優越的地位。

進入憲法與國家秩序完善的明治二十年代後，飛黃騰達就有了一套制式路線，那就是所謂的學歷主義，此時再也不是伊藤博文、山縣有朋這種低階武士能以實力與幸運登上宰相、大將高位的「亂世」了。

當時最佳的立身出世路線就是高等學校（舊制）↓帝國大學↓高級官吏。青年的夢想雖然變得渺小，但當時仍是官尊民卑的時代，高級官僚的地位與待遇也是現代難以比擬的。

立身出世的目標是學歷。一八八六年（明治十九年），日本政府為了培育高級官吏而於全國設立了七所高等中學校（一八九四年（明治二十七年）改稱高等學校）。日本政府後續設立了第一～第八這類數字編號的學校與新潟高中這類冠有地名的學校，在太平洋戰爭結束之前，總計設立了三十五所，其中君臨各校頂點的就是第一高等學校（東京本鄉，後稱駒場）。

「鮮少難度如第一高等中學入學考試的考試（略），假設落榜一、二次就入學，已是程度不錯的學生，也有失敗七、八次未能得償所願的學生」（一八八九（明治二十二年）的《遊學案内》〔遊学案内〕）。

管理舊制第一高等中學資料的東京大學駒場博物館助教折茂克哉提到「據說當時要進入第一高等中學就讀，比進入東京帝大的校門還窄。當時的菁英都是故鄉的代表，也背負著國家大任，心情與現代可說是截然不同。現代大部分的東京大學學生在畢業之前大概都不知道舊制高中的歷史」。

舊制高中的入學考試宛如一場場的人間煉獄，逼出了一個個「精神耗弱」的考生，甚至有人為此自殺，而且能參加高等學校考試的學生，也只是少部分得天獨厚的青年。

地方青年碰壁，多數敗者誕生

明治時期，舊制高中的畢業者人數不足同年代一般小學畢業者的百分之一（這個比例直到昭和時期未曾動搖）。對庶民百姓而言，這作為平步青雲起點的高等學校是看得見摸不著的存在。初等教育的就學率從明治後期開始飆升。以一八九七年（明治三十年）的一般小學而言，男生就學率已達八成，其中有六成會往高等小學校升學。

進入中學校就讀的學生也逐年增加，到了明治三十年代後期，已達每年十萬人的水準。以明治二十年前期不足一萬人的數據來看，就學人數在短短十五年增加了十倍。

隨著教育普及，不管是舊士族或低收入階層都做著飛黃騰達的夢想。「一九〇六年（明治三十九年），追求成功的熱潮席捲鄉村，鄉下的青年連做夢都高喊『成功！成功！』」（前揭 *The Self-Made Man in Meiji Japanese Thought*）。

不過中學校的教育費對庶民而言仍是天價，拮据度日的勞工與貧困農民的子弟連作夢都不敢想要進入中學校就讀，也有許多人在入學後輟學，約有一半左右的學生主動退學。

在其他縣市的青年眼中，負笈東京是堵難以跨越的高牆。要進入升官發財之道的高等學校之前，通常得先去預備校（補習班）就讀。當時預備校、師資這類「考試產業鏈」完善的地方只有東京。當時其他縣市的青年來東京生活與學習的情況稱為「遊學」，他們必須承擔的經濟負擔遠比現代的出國留學沉重。不願就此斷了求學之夢，邊送報紙、邊騎人力車、邊半工半讀，以求進入高等學校就讀的「苦學生」也逐漸增加。

只可惜要以半工半讀的方式考過競爭激烈的高等學校入學考試可說是難如登天，也有許多苦學生抵擋不了都會生活的誘惑而「墮落」。

於大正初期出版的《東都遊學成功法》（東都遊学成功法）寫道「東京約有五萬名中學以上的學生，但其中約有二萬人沒有學籍，只是自稱為學生。有四萬人是『無以為繼』的人，善良的學生約有二千人左右」（前揭《立身出世主義》）。

一八九七年（明治三十年），援助苦學生的「日本力行會」成立，該會會長根據支援多位苦學生的經驗斷言，能苦學到底、貫徹初衷的學生僅百分之一。

「表面上，苦學是為了力爭上游，但更深層的另一面是對都會的憧憬與離家的願望，苦學反而成為一種華麗的包裝」（日本力行會會長）。

為了無法來東京遊學的各縣市青年創辦通信教育的業者從明治中期開始增加，但很少人能夠只憑東京中學校的講義自學成功。

「對大部分的鄉下青年而言，中學講義集只是讓他們放棄野心（冷靜下來）的東西」（日本力行會會長）。

社會學家見田宗介提到「從小學創立以來，所有國民無不嚮往平步青雲，但是所謂的平步青雲，其實就是在社會體制內，相對地提升地位之意，換言之，若不以許多人無法飛黃騰達為前提，就無法提升地位。」（《現代日本的心情與邏輯》〔現代日本の心情と論理〕）。

讓飛黃騰達的野心冷卻的是「金次郎主義」。二宮尊德（金次郎）從明治二十年代之後，首次於修身教科書登場，「儉約、勤勉、忍耐」也再次被重視。

「『金次郎主義』讓立身出世的野心轉化為對己身職務的專注。（略）成為一種文化裝置，引導人們信奉微觀的立身出世主義」（《立身出世主義》）。從大正末期開始，全國小學就立有揹著柴火讀書的金次郎銅像，比起成功或財富，「道德的成功者」更受讚揚。

這些都是避免被淘汰的人、失敗的人「反抗或喪志的裝置」（前揭《現代日本的心情與邏輯》）。

軼事

明治後期陸續開辦的補習班

舊制高等學校入學考試從明治三十年代後半進入白熱化階段，日後的考生生活型態以及考試產業鏈的雛型也大約於此時成型。一九〇七年（明治四十年）第一本應試專門雜誌《最近受驗界》發行。

同時間，考試補習班陸續成立，東京的神田也於此時成為補習街。當時經營這些補習班的是現在的中央、明治、法政以及其他私立大學，補習班的收入也是這些大學在當時的一大財源。補習班會請來知名講師授課，也出版許多暢銷的參考書，有許多英語參考書也在戰後的昭和時期繼續傳讀。

形塑國民道德
以家族國家、天皇為中心

甫呱呱落地的明治國家不僅在軍事、經濟受到西方威脅，連同思想也一併被挑戰，個人主義與基督教逐步浸透日本社會。這兩點都可能動搖以天皇為核心的國家體制。為了與之抗衡而生的是尊天皇為「家長」，視國民為「赤子」的家族國家觀以及追求忠孝的國民道德。

井上毅消極面對教育敕語頒布

於一八六八年（明治元年）頒布的五條誓文是說明新政府將如何打造國家的「明治國家宣言」。

誓文裡的「破除傳統陋習」、「求知識於世界」展現一改封建社會習俗、積極學習西方科學、文化，打造平等、合理社會的精神。

但持續數百年以上的封建遺風豈能輕易抹去。或許一部分是對激進歐化主義的反感，維新不過十年，故家遺俗又現捲土重來之勢。

西方的個人、自由主義在本質上，與天皇為中樞，國民以此中樞團結一體的國家思想相悖。政府向來視自由民權運動為反政府活動，也追求在背後撐起這種國家思想的「脊椎」。一八八九年（明治二十二年），大日本帝國憲法頒布，預定於隔年實施，讓此時的政府調整為近代國家的體制，也以法律條文設立議會，原本如芒刺在背的自由民權運動也隨之收斂。

但此時的日本還沒有能與個人、自由主義對抗的中心思想，此刻登場救援的是一八九〇年（明治二十三年）十月三十日頒布的「教育相關敕語」（教育ニ関スル敕語，教育敕語）。「朕惟我」這道以天皇個人感想為開端的敕語列舉了「孝于父母、友于兄弟、夫婦相和、朋友互信」等十二項美德。

曾為憲法起草的井上毅也是這道敕語的核心起草者，但是他認為「君主不該干涉臣民的良心」，因此對這道敕語抱持消極的態度。

對樹立近代憲政體制感到引以為傲的井上顧慮教育敕語的復古性格與弊害，刻意將敕語寫成「天皇個人想法」的文體，以免民眾的思想受到箝制。

但教育敕語依舊成為介入、支配國民思想、道德、國家觀的「聖經」。奠定敕語思想理論基礎的是哲學家井上哲次郎。

井上在敕語頒布的隔年撰寫堪稱敕語官方白皮書的《敕語衍義》，其中詳述了各項美德的意義，例如「孝于父母」的解釋如下：

「國君之於臣民，如父母之於子孫，一國為一家之擴大，一國之君對臣民下達命令如同一家之父母以內心慈愛吩咐（命令）子孫。」

這是以日本為大家族，尊天皇為親，視國民為子的家族國家主義，視國家為「家」的集合體，將孝順父母的行為與對天皇的忠義視為一致的「忠孝一致」、「忠孝一本」的思維由此而生。

為了達成此一目的，家庭制度必須於各階層的國民身上落實。家庭制度本該由民法規定，但是與教育敕語同年公佈，由法國人法律顧問博瓦索納德（Gustave Boissonade）製作的民法（舊民法）卻被批評無視家庭制度（民法典論爭）。

此時復古派的憲法學者穗積八束以知名的論文〈民法出而忠孝亡〉（民法出デテ忠孝亡ブ）反對民法，結果舊民法被廢止，修訂的明治民法於一八九八年（明治三十一年）實施。

明治民法賦予一家之長的戶主絕對權力，也規範家庭制度、直系嫡男繼承家督，延續家庭架構的制度。這種家長權至上的家庭制度是以近代高階武士的家庭制度為模型，強調的是主從關係，家族成員必須服從家長的制度也可擴大解釋為國民全體必須服從天皇。

《家族國家觀的人類學》（家族国家観の人類学）作者、國立民族學博物館名譽教授伊藤幹治認為「家族國家觀為日本獨創的思想。明治二十年代為都市化初期，當時的政府擔心農村家庭瓦解，所以需要打造新的思想基礎」。

與戰時的軍國主義融合後歧變

一八七九年（明治十二年），以天皇名義制定的道德教育方針「教學聖旨」（教学聖旨）頒布，起草者為侍補（當時輔佐天皇的官職）的元田永孚。屬於復古派儒學學者的他曾批判政府的教育方針過於偏重知識，便於聖旨寫下思想教育應該「始於幼少，深入腦髓」。

據說與井上毅理念相同，認為國家不該介入國民道德的伊藤博文，對於走回頭路的教學聖旨憤憤不平，但於明治中期確立的家族國家觀卻如元田的主張，透過小學的「修身」課程植入孩子們的腦袋。

明治初期，修身課程使用的是歐美倫理、道德相關的翻譯書，但從一八八〇年（明治十三年）之後，便因教學聖旨的影響，改成強調儒教主義道德觀的課程內容。一八八六年（明治十九年），在文部大臣森有禮的改革之下，儒教主義遭到抨擊，轉向重視近代的民族主義。

朝令夕改的課程內容令教育現場的道德教育陷入一片混亂，於此刻頒布的教育敕語頗有收拾殘局的意味。長期以口頭教學實施的修身課程首次使用教科書，近八十種教科書也通過文部省的審核。

一九〇四年（明治三十七年），用於統一國民思想的國立第一期教科書登場，由於這段時間也是資本主義盛行的時期，所以近代公民社會課程的道德內容佔有較高的比例，這也受到保守派的批判影響。一九一〇年（明治四十三年），修訂為第二期教科書。

第二期教科書奉家族國家觀、國家主義為圭臬，於高年級教科書的開頭刊印教育敕語，同時放大印刷「我國國民道德之樞軸為顧念忠孝之涵養」這類詞彙，也增設了「皇室」、「忠、孝、恩」、「祖先崇拜」這些項目。

此次修訂是為了鎮壓於此時期盛行的勞資爭議與社會主義思想，而第二期教科書也成為後續修身教科書的藍本。教科書的第三期於一九一八（大正七年）修訂，第四期於一九三三年（昭和八年）修訂，第五期於一九四一年（昭和十六年）修訂，第二次世界大戰結束後，教育敕語與修身課程也一同廢止。

家族國家主義這類的內容於這段期間不斷延續，第五期教科書也以超國家主義、軍國主義為主軸。只是國民的道德觀不可能一直受家族國家觀壓制，大正民主時期的一九一〇年代後半到二〇年代，便進入教育敕語空洞化的「思想國難」時期，工業化導致農村的人口往都市移動，農村公社的解體、社會主義與勞工運動的興起，都讓家庭制度面臨「瓦解危機」。

大阪市中央區大阪城公園的天守閣西南側，有一座以厚重石塊打造的「教育敕語之碑」，銅板上刻有敕語全文。這座碑是於敕語頒布四十年的一九三〇年（昭和五年）開工建造，是年由文部省舉辦全國性的紀念活動，紀念碑也於各地興建。

舉辦四十周年活動的目的是為了挽救搖搖欲墜的家族國家觀＝天皇制度的意識形態，重新整合國民的道德感。當時的濱口雄幸首相提到要以「大鐵箍箍緊」道德意識漸趨鬆懈的「當代人心」（久木幸男〈教育敕語四十周年〉）。

從事大阪城公園戰後遺跡田野調查的大阪府立千里青雲高校教師塚崎昌之提到「敕語四十周年正是民主主義與軍國主義互相對抗的時代，當時的社會中流砥柱為接受教育敕語成長的世代。為了導正國民的思想，教育敕語再次受到重視」。

再度鞏固的家族國家觀與日後戰時的軍國、超國家主義融合為如神諭一般的教誨。曾於戰時的中小學校奉讀教育敕語的伊藤幹治名譽教授就提到「現在仍有人信奉教育敕語的教誨，但我卻不這麼認為。道德是自然而然產生的觀念，並非學校灌輸的知識」。

軼事

農家的另一套家庭原理

英國歷史學家霍布斯邦在其著作《被發明的傳統》揭露英國的傳統儀式多是十九世紀後期以後創造的，他在書中提到「『傳統』通常被認為是經年累月累積而成的事物，但其實常有最近才成立的傳統」。

日本的農家都是全家分擔農耕這項生產勞動，不管是女性還是男性，每個人都有自己的定位，而這種共同關係就是家庭組成的原理，明顯與家人服從家長，女性被定位為「無行為能力」的近代「家族制度」不同。

鬱悶青年投水自盡帶來的衝擊

群起效尤的年輕人

一九〇三年（明治三十六年）五月二十二日，年僅十六歲十個月的少年藤村操於栃木縣日光華嚴的瀑布投水自盡。接近瀑布上方的大樹留有藤村所寫的「不可解」一詞，讓藤村的自殺被視為具有哲學性、思想性的自戕，對社會也造成衝擊。後續接二連三出現仿效的年輕人。他們被稱為「鬱悶青年」，也成為社會問題。

「不可解」這句充滿哲理的遺言也得到讚許

藤村當時是第一高等學校的一年級學生，是菁英中的菁英，也是眾人眼中的「紅顏美少年」。自殺前一天的五月二十一日早上，告訴家裡要去學校就出門的藤村，直到隔天都沒回家。擔心不已的母親翻了翻藤村的房間後發現遺書，也引起一片騷動。

遺書提到「要於華嚴瀑布投水自盡」，所以藤村的雙親於二十三日趕赴瀑布上方，發現有棵大樹的樹幹被削去一面樹皮，上頭有一篇以毛筆書寫，題名為〈巖頭之感〉（巌頭之感）的文章：

悠哉天壤（天地）、遼哉古今，區區五尺之軀何以度量此大。
何瑞修之哲學又有何等權威可言。
以一言蔽之，萬物的眞相即「不可解」。
懷此恨如我實鬱悶難解，遂決意一死。
既立於巖頭，胸中了無不安。
至今方知，大悲與大喜並無二致。

一如「不可解」一詞，少年在留下令人難解的遺言投水自盡後，當時每日出版的《萬朝報》創辦人黑岩涙香便以〈弔念少年哲學家〉（少年哲学家を弔す，五月二十七日出版）一文大為稱讚。

「我國本無哲學家，但於此少年首見哲學家，非也，非無哲學家，是無為哲學殉死之人。」

在當時，自殺的動機多為窮困或疾病，所以整個社會難以相信會有少年為了「思想」、

「哲學」而死，後續才又陸續出現少年自殺的真正原因是失戀。

不過，〈巖頭之感〉留下極為強烈的印象。大部分的報紙都刊載了全文，文中的「何瑞修之哲學」也引起討論。何瑞修是莎士比亞《哈姆雷特》的人物，但藤村的本意為何，著實令人摸不著頭緒。

藤村的「哲學自殺」對同年代的青年是一大衝擊，第一高等學校同年級學生，後來成為文部大臣的安倍能成如此回憶：

「聽到藤村自盡，讓我變得忐忑不安。（省略）心裡一直有個聲音追著我說『你怎麼能如此苟且活著，若是認真的人，難道不該一死了之嗎？』（針對〈巖頭之感〉的發言）。

同年級的岩波書店創辦人岩波茂雄則自責地說「明知不求死，便無安居之地。不自殺只因不夠執著與缺乏勇氣罷了」。第一高等學校與安倍等人、藤村同年級的學生有十七位未能通過升級考試而留級，有的則因為心結而退學。

在當時，有些年輕人在暗地裡傳誦〈巖頭之感〉，視藤村為英雄，也陸續有人選擇於華巖的瀑布輕生。從藤村自殺的一九〇三年（明治三十六年）到〇七年（明治四十年）的五年內，連同自殺未遂在內，共有一百八十五人投水自盡。

當地將這些自殺者稱為「華巖病」。除了投水自盡，也有人走到山林深處上吊自殺、飲毒自盡或以利刃自戕。

投水自盡的自殺者遺體通常無法立刻尋見，就連藤村的遺體也是在四十天之後的七月三日才發現。由於遲遲找不到遺體，「藤村還活著」的謠言也悄悄地傳開。

從瀑布深淵沖出的遺體會流到「伊呂波坂」（いろは坂）中段左右的大谷川，再被河裡的鐵柵欄擋住。見到此一光景，無人不覺得淒慘。

日光地區發行的「巖頭之感」明信片雖然熱賣，但當局害怕造成不良影響便勒令停售，〈巖頭之感〉這篇文章也被刮掉，刻有這篇文章的大樹也於後年被砍倒。

學生之死也影響了漱石文學

在中禪寺湖畔經營旅館的中宮祠自治會長小島喜美男提到「當時為了杜絕自殺而在瀑布上方設了柵欄，也增設了巡邏隊，但自殺事件依舊層出不窮。雖然被稱為自殺聖地不是什麼好事，但華嚴瀑布的確因此聲名大噪」。

雖然無法藉由當時的報紙、書籍或歷史書了解藤村是如何投水自盡的，但據小島先生的說法，當時有位目擊者，是在瀑布附近經營茶屋的星野五郎平的妻子 riki（りき），在地畫家小杉放庵也留下相關的紀錄。

「是日，抬頭一見，瀑布上方站著一位年輕男子。正以為書生的好奇心旺盛，喜歡獨自冒險犯難，沒想到下個瞬間就以雙手、雙腳大開的大字姿態跳入瀑布，哎唷喂呀，這不是老婆婆該看到的事情，卻令人難以移開視線」（一九二三年《畫人行旅》）。

藤村操自殺後，引起了一股「鬱悶自殺風潮」，有位三十六歲的英語教師為此變得感到不安，他就是日後的大文豪夏目漱石。藤村是他在第一高等學校的學生。

在藤村自殺前幾天，漱石在課堂上點藤村起來翻譯，結果藤村回答「不翻」。幾天前，藤村也曾「因為不想翻譯」而不願上課，被學生如此反抗的漱石便大罵「不想讀書的話，不用再來教室」。

漱石深怕是自己害得藤村走上絕路，據說在藤村自殺後幾天，憂心忡忡地問學生「藤村為何尋死？」（平岩昭三《檢證‧藤村操》〔検証　藤村操〕）。

藤村的自殺在漱石的文學留下陰影，例如《我是貓》出現了「坐視不理的話，說不定會有人寫首巖頭之詩，從華巖瀑布投水自盡」，《草枕》也出現「過去曾有位青年留下巖頭之詩，從五十丈的飛瀑往下跳入急湍」。

除此之外，漱石較不為人所知的小說《礦工》也帶有強烈的厭世思想，例如一名想成為銅山礦工的青年的獨白之中，光是「鬱悶」一詞就出現了十三次，「華嚴瀑布」一詞也出現了八次。漱石的筆下常批判與訓斥不懂世事的青年。《夢十夜》、《三四郎》、《永日小品》也有提及藤村與自殺的內容，甚至《心》這本書也以自殺為主題。有些意見認為小說裡，企圖自殺的老師的遺書藏有「漱石未能阻止藤村自殺的遺憾」（荻原桂子〈自殺這種瘋狂——藤村操與漱石〉〔自殺という狂気——藤村操と漱石〕）。

藤村的自殺不僅挑動青年的鬱悶與傷害文豪的內心，更成為當時的「思想事件」。從島崎藤村的《破戒》刊行的一九〇六年（明治三十九年）開始，自然主義、個人主義便開始萌芽，藤村的死也成為保守派的攻擊目標。

「我國青年流於厭世之情，決非國之祥雲。尤以處事認真的青年多有此徵候，實為敝人深憂之處也」（德富蘇峰〈東京快訊〉《國民新聞》〔東京だろり；国民新聞〕）。

藤村的「哲學性、思想性自殺」本與政府無關，純粹是個人的事件，但是對於以效忠政府、追求飛黃騰達為美德的明治社會而言，藤村的自殺象徵著「鬱悶」，也是動搖舊有價值觀的危險思想。

某些保守派人士認為藤村的死是將青年導向「失望」、「被害妄想」、「鬱悶」、「悲觀」、「自殺」的元凶，有害文學發展，事實上，也有學校嚴禁學生閱讀小說（木村洋〈藤村操、文部省訓令、自然主義〉）。

現代有許多意見否定藤村是為了哲學自殺，並將藤村的死解釋為「精神官能症」或「憂鬱症」。

不成熟的日本公民社會無法回答近代以來，伴隨著自我意識萌生的自我懷疑，致使誘發鬱悶青年的自殺潮。「不可解」一詞恰恰成為這股自殺潮的表徵。

軼事

通報自殺者可得到獎賞

藤村操從華巖瀑布投水自殺後，除了選擇瀑布、斷崖自殺，於淺間山、阿蘇山這些火山口自殺的厭世之人越來越多。操並非第一個於華巖瀑布投水自盡的人，在他自殺前兩年的一九〇一年（明治三十四年），三井財閥企業家益田孝的外甥宗三郎也於此投水自盡。

陸續出現自殺者後，中禪寺湖畔甚至出現「一圓來了」的說法，這意思是發現自殺者之後通報警察，就能得到一日圓的獎賞。從華巖瀑布順流而下的遺體若無法察明身分，便會葬於中禪寺的無名氏墓地。

恐俄病與俄探的幻影
敵意催生的「非國民」狩獵

明治時期，日本人最害怕的國家並非西歐列強而是俄羅斯。這巨大的鄰國彷彿是一團籠罩在日本北方，不時散發著異樣威脅的烏雲，「恐俄病」一詞也在這般氛圍之下誕生。甲午戰爭結束後，日本轉而視主導三國干涉的俄羅斯為敵，也於日俄戰爭前後的時期，以「俄探」（俄羅斯的軍事間諜）一名，行「非國民狩獵」之實。

輿論因三國干涉瞬間轉為強硬

一八九一年（明治二十四年）五月二十日下午七點時分，一名女性持剃刀在京都府廳門前割喉自殺，頃刻殞命。她是來自千葉縣，二十五歲的畠山勇子，身上帶著一份寫給俄羅斯與日本政府的請願書。

同月十一日爆發俄羅斯尼古拉皇太子於訪日之際，遭受擔任警備任務的巡查警官津田三藏襲擊。這位畠山勇子擔憂此一大津事件造成不良影響才選擇死諫，報紙也將尊崇她為「烈女」。

大津事件使全日本陷入恐慌狀態，日本全國上下都擔心俄羅斯是否會因儲帝尼古拉受傷而怒不可遏地發動戰爭，若事態如此演變，日本恐將滅國。

來自全國各地的慰問品紛紛湧至皇太子身邊，電報也超過一萬封。學校臨時停課，戲劇這類活動與證券交易暫停，紅燈區也停止營業以表自律。神社、寺院、教會皆舉行祈福大會，祈求皇太子早日康復。

日本人對俄羅斯的自卑源自一八〇六～〇七年的文化俄寇事件。當年來到日本的俄羅斯外交使節列扎諾夫（Nikolai Rezanov）要求通商，卻遭到江戶幕府拒絕。懷恨在心的列扎諾夫命令部下赫泊斯托夫（Nikolai Khvostov）襲擊樺太、擇捉這些日本人居留地。

早在培里黑船事件（一八五三年浦賀來航）發生的半世紀之前，日本人就體驗過俄羅斯可能侵略日本的恐怖。當時的俄羅斯是佔全世界陸地六分之一面積的大帝國，進入十九世紀末後，還在中國大陸沿海建設海參崴港作為遠東前線基地，也於此配置艦隊。

甚至還將西伯利亞鐵道這把來自陸地的匕首插入此地。尼古拉皇太子訪日也以西伯利亞鐵道開工典禮慶祝。對明治時期的日本而言，俄羅斯無疑是「迫在眉梢的危機」。

這股對俄羅斯的恐懼因三國干涉出現極大的轉變。於甲午戰爭（一八九四年〔明治二十七年〕～九五年）獲勝的日本雖然從清國手中接收遼東半島，卻因俄、德、法三國的要求被迫歸還。「這是令官民同悲同憤的干涉，日本國民因此見識何為真正的外交」（生方敏郎《明治大正見聞史》）。

報紙《日本》刊出三宅雪嶺執筆的「嘗膽臥薪」社論後，「嘗膽臥薪」成為當時的流行金句，此時俄羅斯不僅是日本人心中的恐懼，更是意欲報復的仇敵。

因一九〇〇年（明治三十三年）爆發的義和團運動而派遣大軍遠赴滿洲的俄羅斯，未在義和團運動結束後撤兵，致使俄羅斯威脅論在日本瞬間高漲，「恐俄病」一詞也於此時傳開。一般認為，最先使用這個詞彙的是一九〇一年（明治三十四年）一月三十日的《報知新聞》，當時這個詞彙是用來批判主張與俄羅斯妥協的伊藤博文。

「日本自江戶時代後期開始，就因領土問題而對俄羅斯存有隱約的自卑感。這股自卑感在甲午戰爭與日俄戰爭之間的短暫時期浸透上下官民，又在新聞媒體將此一社會現象命名為恐俄病後變得更為具體，這個詞彙也更加普及。」（溝渕園子〈《恐俄病》的想像力——《自那之後》的「俄羅斯」——〉節錄自《漱石與世界文學》〔恐露病の想像力——《それから》における「ロシア」——；漱石と世界文学〕）。

一九〇三年（明治三十六年）六月，東京帝國大學教授戶水寬人等七位博士向首相桂太郎、外相小村壽太郎提出與俄羅斯對決建議書。當這份建議書召告天下後，便刮起一股對俄強硬論的旋風。

《日本》報社社長兼主筆的陸羯南以及《東京日日新聞》都批判七位博士才是真正患有恐俄病的人。「陸羯南認為乍見之下，戶水等人似乎武勇為國，但藏在其主張深層之處的是對『俄羅斯大國』的恐懼之心」（奧武則《俄羅斯的間諜——日俄戰爭時期的「俄探」》〔ロシアのスパイ——日露戦争期の「露探」〕）。

不過，此時輿論已倒向日俄之間終須一戰的方向。「任誰都不認為日本比俄羅斯更富國強兵。不過與其束手就縛，等著被併吞，還不如戰至一兵一卒。（省略）日本為神國，若終須一戰，日本將基於愛國此一信仰奮勇作戰，贏得奇蹟般的勝利」（前揭《明治大正見聞史》）。

疑心生暗鬼、陸續迫害正教徒

「外鬼（俄羅斯人）共七人，加上俄探口譯共八人（省略），才見他如電光石火般縱身跳向俄探口譯，俄探口譯竟隨即被砍成兩半，鮮血如霧噴濆，驟然倒地。（省略）生於日本卻出賣日本的混帳比任何人可恨，比任何人都該作為血祭的祭品。」

這是於日俄戰爭開打的一九〇四年（明治三十七年）出版的《武俠艦隊》（冒險小說作家押川春浪著）的一節。意為賣國賊的「俄探」一詞在日俄戰爭前後，對於俄探的怨恨之心甚至高於敵人本體的俄羅斯人。當時甚至出現了「俄羅斯走狗」之意的「俄犬」一詞。

戰爭爆發前夕，報紙便刊載「獵殺俄探」這類聳動的報導，使得日本國民變得疑神疑鬼，也為政治所利用。日俄開戰次月的一九〇四年三月十六日，通俗報紙《二六新報》以「內閣彈劾問題」為題，揭露政府為了籌集軍費而低調發行國債，追究桂內閣的責任。

《二六》後因「有害國家利益」被勒令停刊。其他報紙紛紛指出《二六新報》社長兼眾議院議員的秋山定輔有可能是俄探。眾議院雖設立了調查委員會，卻無法斷定秋山為俄探。

不過，秋山被迫辭去議員一職，《二六》也因親俄疑雲發行量銳減，當時整個社會充斥著「於舉國征戰之際批判政府的是非國民」的氛圍。

於當時遭受迫害的是源自俄羅斯的日本正教會。東京神田駿河台的尼古拉堂（東京復活大聖堂教會）與各地教會都被視為俄探的巢窟，開戰後，應信徒所求，隻身一人留在日本的尼古拉主教（Nicholas of Japan）也被懷疑是「俄探的頭目」。

開戰前夕的一九〇四年一月二十二日，信徒之中出現第一位「受難者」。橫濱的額我略高橋門三九因違反軍機保護法被逮捕，隔年被判入獄服刑八年。

門三九的長女提到「每天上學途中都因為被當成俄探的小孩而遭到毆打，到了晚上，偶爾還會發生石頭破窗丟進家裡的事情」（一九〇四年二月八日出版《報知新聞》），門三九的家人也被冷眼對待。教會不是被丟石頭就是被惡意破壞，有些信徒的墓碑也被推倒。兒童雖然不明白父母親口中的「俄探」，卻還是朝著正教徒大罵，甚至有小學生在教堂門前排隊小便，說是「由老師指使的」。

聲稱暗殺尼可拉主教的計畫或恐嚇信也層出不窮。「帶頭懷疑俄羅斯正教會是『俄探』的是報紙，但聞風起舞的是一般的老百姓」（前引《俄羅斯的間諜》）。反觀政府的態度則非常冷靜理性。當時的政府正忙於修正不平等條約，覺得「要是尼古拉這樣的人成為暴徒的目標，將有損文明國家的體面」（長繩光男《尼古拉堂遺聞》〔ニコライ堂遺聞〕）。

日俄和談後，不滿意賠償金額的群眾發動了「日比谷縱火事件」（一九〇五年（明治三十八年）九月五日），大批暴徒湧向尼古拉堂，近衛兵與警官隊則負責守衛尼古拉堂。

目前於尼古拉堂擔任司祭的克來孟北原史門（クリメント北原史門）先生提到「儘管現在對正教會的『迫害』已消失，卻仍有一些『偏見』」。

儘管日本的正教會自一九一七年俄羅斯革命之後，就因蘇聯鎮壓宗教的政策而無法從俄羅斯正教會得到任何援助，卻仍在舊蘇聯時代被懷疑是「共產主義國家的在地機關」。北原先生提到「有些異教徒的長輩至今仍將日本正教會稱為『蘇聯的教會』」。

「俄探源自對俄羅斯的恐懼，是這種深層心理創造的幻影，也是一種社會心理學現象（省略）時至今日，刻板化、戲劇化的『獵殺惡徒』、『搜捕惡徒』傳統仍繼續傳承」（佐佐木隆《日本的近代14・媒體與權力》（日本の近代14　メディアと権力））。

軼事

消滅「津田」與「三藏」姓名的村莊

大津事件爆發後，國民對於陷國家於危難的津田三藏恨之入骨，山形縣最上郡金山村的村議會甚至擬定條例，禁止村民自稱津田這個姓氏或是三藏這個名字。

反觀在現場壓制津田的兩位人力車車伕則被視為「拯救國家的英雄」，在鄉里大受歡迎之餘，也被政府敘以勳八等的獎章，俄羅斯也致贈大筆獎金與年金。不過，其中一位車伕因為這突如其來的財富而身敗名裂，另一位車伕則在日俄戰爭爆發後被視為「收受俄羅斯金財的國賊」，家中不時遭石頭破窗而入或是受盡各種侮辱。

邁向「帝國主義」、第二次維新運動

由上而下的勤勉與節約政策

於日俄戰爭（一九〇四～〇五年〔明治三十七～三十八年〕）贏得勝利的日本自負於「躋身世界一流國家」，也就此踏上帝國主義國家之路，國民卻被為了籌措軍費而不斷增稅的政府壓得喘不過氣，社會主義思想也開始蔓延，明治政府也陷入重大的危機之中。為了化解危機，內務省便推動改造國家結構的「地方改良運動」。這次的地方改良運動可說是集近代化之大成，也被稱為「第二次維新運動」。

動搖的體制、內務省推動的地方改良運動

日本之所以能勉強贏得日俄戰爭，除了俄羅斯本身因為革命運動而動盪之外，籠罩在同盟國的英國與西歐各國的恐俄情緒（Russophobia）也助了一臂之力。日本透過這次勝利鞏固了朝鮮半島的統治權，也得到侵略中國大陸的跳板。

遠東島國的日本擊敗俄羅斯此一大國的消息，令全世界對日本刮目相看，也讓日本躋身統治殖民地的帝國主義國之列，西歐各國也從威脅與欣羨的對象，成為「競逐與超越」的對象。

不過，軍事上的勝利卻藏著不容忽視的隱憂。據說當時消耗的軍費約在十七億至二十億日圓，七倍於國家總預算。當時的政府在一九〇四年（明治三十七年）四月開徵第一次非常特別稅，擴大徵收地租、營業稅、各種所得稅增加七成，砂糖消費稅更是激增十三倍，隔年一月再以第二次特別稅為名目，進行同規模的租稅徵收。

即使擴大徵稅也不足以填補軍費造成的財務缺口，為此，明治政府便於戰時、戰後分六次發行國債，發行額度約六億三千五百萬日圓，外債也上升至六億八千四百萬日圓。一九〇六年（明治三十九年），戰後國債累計達二十四億日圓，光是一年的利息支出就高達一億一千萬日圓。

國家預算於一九〇二年（明治三十五年）為三億日圓，到了一九〇七年（明治四十年）超過八億五千萬日圓，國家財政即將潰堤，但是剛轉型為帝國主義國的日本為了經營殖民地與加強軍備，不得不讓財政如氣球般持續膨脹。

「日俄戰爭之後的日本並未一帆風順。雖在軍事贏得勝利，但文化水準與國民生活卻仍是三流國家的水準」（石川一三夫〈地方改良運動與地方體制重編〉〔地方改良運動と地方体制の再編〕）。

日本總共動員了一百一十萬的兵力，戰死者約八萬、傷病者約三十八萬，兵源來自各縣市的農村，農村也因加稅與人力消耗而陷入荒廢。

隨著資本主義的迅速發展，農村地區出現越來越多的寄生地主[16]，與佃農之間的紛爭也層出不窮。貧民流入都市，各處接連傳出罷工的消息。「一言以蔽之，明治四十一年的日本雖然戰勝，卻飽受後遺症折磨。例如整個社會彌漫著一股驕奢風氣，又因危險的社會主義思想入侵而陷入不安」（森清人《大日本詔敕通解》）。

擔心明治國家體制就此瓦解的內務官便提出「日本改造計畫」，這項計畫的內容就是地方改良運動，負責推動的是第二次桂太郎內閣的內務大臣平田東助、內務次官一木喜德郎、地方局長床次竹次郎、府縣課長井上友一。其中年僅三十八歲的青壯派官僚井上被譽為「改造地方的本尊」，積極推動地方改良運動。

一九〇八年（明治四十一年）十月十三日，與教育敕語一同被譽為明治二大詔敕的地方改良運動方針「戊申詔書」頒布，部分的內容如下：

「戰後時日尚淺、庶政亟需更張，此時宜上下一心、忠服實業、勤儉治生，惟言惟義、醇厚俗成、去華就實、荒怠相誡、自強不息。」

（日俄戰爭才剛結束，百廢待舉，此時須團結一致，忠實地努力工作，並以節約為經營家計的方針，為恢復重信義、講人情的社會風氣，宜捨華求實，為免生活陷入荒亂怠惰之境地，須互相告誡、持續努力）。

戊申詔書企圖以勤儉、道德形塑的精神主義挽救因財政危機與農村公社解體造成的國家體制動盪，而地方改良運動則以「至誠（誠實）、勤勞、分度（量力而為的生活）、推讓（推舉他人、自我謙讓）」為口號，於各領域持續推動。

地方改良運動的目的大致可分成「藉由強化行政監督，讓行政機能更具效率，加強官僚的統御」與「建立居民自發性服從與合作的體制，奠定國家整合的基礎」這兩大項（大島美津子〈明治末期的地方行政發展〉（明治末期における地方行政の展開））。

總而言之，地方改良運動就是改造與改革社會，但在社會主義盛行的時代被視為禁語的「社會」一詞必須置換成「地方」。

16.寄生地主：剝削佃農，不勞而獲的地主。

利用報德思想統制農村

國家官僚在振興經濟疲軟的地方小鎮之際，同時「特別注意到報德社這個能轉化成『效忠國家』又具自發性、自主性的慈善團體，因為報德社的意識形態為報德主義」（宮地正人〈於地方改良運動的報德社之功能〉〔地方改良運動における報德社の機能〕）。

報德主義是由二宮尊德推行的思想，「至誠、勤勞、分度、推讓」為其基本的意識形態。實踐報德主義的「報德社」於一八四三年（天保十四年）在小田原一帶草創，進入明治時期之後，陸續於靜岡縣境內增加。

報德社與在農村進行共同收購、銷售、貸款的產業工會類似的組織。井上友一發現報德主義與「自發自治」的思想非常吻合後，便讓報德主義轉化成推動地方改良運動的「引擎」。一九〇五年（明治三十八年）七月，前文部官僚的貴族院議員岡田良平與內務官僚創立報德會（後於一九一二年改稱中央報德會），隔年四月發行《斯民》機關誌，獎勵全國設置報德社與宣傳報德主義。

當時與內務官僚一同推行地方改良運動的民間思想家留岡幸助也是一位實踐感化院（現為兒童自立支援機構）教育的社會慈善家，他提倡設立「模範村」作為地方改良運動的樣本。

內務省不時舉辦地方改造講座，也製作堪稱農村振興手冊的「町村是」，積極於全國設立模範村，當時的靜岡縣稻取村、千葉縣源村、宮城縣生出村也被譽為「三大模範村」。

稻取原是農漁業興盛的村莊，但進入明治中期之後，農漁業接連衰退，滯納稅金的人也因此陸續增加。一八八九年（明治二十二年），於町村制度實施之際成為首任村長的田村又吉著手改良石花菜的乾燥方式，此舉不僅成功提升品質，也連帶提振當地產業。

村的財政逐漸產生盈餘後，田村便著手推動多角化農業經營，並將這種經營方式比喻成軍隊，例如田裡的米、麥以及其他普通作物都被命名為「兵糧」，養蠶業稱為「常備軍」，柑橘類作物被稱為「預備軍」、造林業稱為「後備軍」。

此外還設立了納稅工會與代收稅金的代納者，此舉不但能全面徵稅，也杜絕滯納風氣。高舉報德主義的田村依照村裡的各級組織與年齡層，陸續設立矯正風俗民情的教育組織，例如戶主會、青年修身會、處女會、母之會與耆老會便是其中之一。

到了現代，稻取村已改制為東伊豆町，而東伊豆町東區町內會長岡田善十郎提到「據說明治四十年代，從全國各地來稻取村觀摩的人，每年超過四百人以上，甚至有中國福建省的學生與研究者為了學習農政，特地前來取經。可惜田村後繼無人，稻取村在進入昭和時代初期，就成為名存實亡的模範村，聽說來此觀摩的人無不敗興而歸」。

在地方改良運動之中，最具戲劇張力的一環莫過於神社的整併。一九〇六年（明治三十九年）內務省飭令全國大小十九萬三千處神社之中，十八萬九千多處「無歷史淵源、規模窄小的無格神社」必須合併。

為了讓町村轉化成「效忠國家的共同體」，就必須讓「村共同體核心」的神社整合成一町村一處的數量才行，此舉也隱含國家神道透過神社浸透地方的用意。據說三重縣在當時有九成的神社被合併，和歌山縣也有八成左右被整合。

小學教育在當時也備受重視。「町村的小學除了是日常生活的場域，也是國家與町村互通聲氣的主要管道」（官地正人〈地方改良運動的論理與展開〉〔地方改良運動の論理と展開〕），學生的家長與當地居民會一同於此舉辦三大節儀式（元旦宮中祭祀的四方拜、紀元節、天皇誕生日的天長節）以及教育敕語奉讀儀式。為了新時代的「帝國」設計的國民教育也透過小學施行。

政治思想家橋川文三認為地方改良運動「讓此時只剩殘渣的封建思想與幕藩體制一掃而空，地方的近代化也於焉完成」（〈地方改良運動〉《地方史研究》〔地方改良運動について〕）。

軼事

柳田國男批判神社整合政策

日本民俗學創始者柳田國男在東京帝國大學畢業後，成為農商務省的官僚，也於地方改良講習會擔任講師，不過他認為於全國各地展開的町村是作成運動未能了解町村的多元性，也無法反映町村的現況，不過是政府官員閉門造車的紙上作業，也感嘆「少有日本這種自稱文明大國，卻對自己一知半解的國家」。

自然史學家南方熊楠也對神社整併政策發出強烈批判，認為「內務當局不了解神社的真正意義」、「這不是整併神社，而是撲滅神社的政策」，抨擊由官僚主導的近代化。

千里眼與神祕世界的誘惑
戴著科學這張面具的迷信

明治是以文明開化為名，積極接納西方科學與理性主義，掃除迷信這些舊時代非理性事物的時代，但當時的百姓仍未熟悉唯物的近代思想，委身於不可知的神祕世界的慾望仍強，於是「狐狗狸占卜」、「催眠術」大為流行，最後甚至出現透視與念寫這類超能力的「千里眼」，一時之間捲起千堆雪。

源自美國的狐狗狸占卜

將竹子切成三塊長度四十五公分的竹片，再以繩子綁住中段，然後將竹片拉成三支桌腳的形狀，再於上方放置飯桶蓋。三個人分坐於飯桶蓋邊緣，並以單手輕輕扶著飯桶的蓋子。接著由其中一人吟唱：

「狐狗狸、狐狗狸，請降臨、請快快降臨。」

此時飯桶蓋會自動傾斜作為問題的回答。以「請問那個人現在幾歲，每傾斜一次為十年，請向那個人的方向傾斜」的問題而言，若那人三十幾歲就傾斜三次。飯桶蓋的傾斜次數與參加者的意志無關。

狐狗狸占卜大約是於一八八五年（明治十八年）開始之後的三、四年內，在全日本轟動一時，也曾於昭和時期的一九七〇年代中葉，在中小學生之間死灰復燃，當時也曾一度形成社會問題。當時的時空背景是《諾斯特拉達姆斯的大預言》（ノストラダムスの大予言）出版，以除靈為主題的恐怖電影《大法師》上映，角田次朗的《背後的百太郎》（うしろの百太郎）或是其他靈異漫畫大肆流行，以及以超能力彎曲湯匙的「超能力者」尤里．蓋勒（Uri Geller）訪日。

昭和時代的狐狗狸占卜是先在紙面畫鳥居，再將四十八個假名寫成圓形，然後讓十元硬幣移動的玩法。雖然有「不玩到最後會被詛咒」的可怕傳說，但在明治時代之後已是輕鬆的占卜遊戲。「狐狗狸」一名的由來眾說紛云，一說認為源自「飯桶蓋傾斜的模樣」，也有源自「通曉道理」的說法，但因為狐狸與狸貓都會幻化成人，才以「狐狗狸」這個名字代替發音。

實際上「狐狗狸占卜」起源於美國，在當地被稱為「桌靈轉」（Table-turning）。玩法是在大桌子上放一個三支桌腳的小桌子，然後由幾個人從桌腳舉起小桌子，再往底下的大桌子敲。敲一次代表是，敲兩次代表不是。

這項占卜術也傳至歐洲，並在十九世紀中葉形成一股來勢洶洶的通靈熱潮，據說連法國文豪維克多．雨果也沉迷其中，希望召來莎士比亞的靈魂，為他譜寫戲曲，一說認為桌靈轉是於一八八四年（明治十七年）傳入日本。

當時為了證明狐狗狸占卜並非靈體或狐狸作祟，讓群眾遠離迷信而提倡「妖怪學」的是被譽為「妖怪博士」的哲學家井上圓了（東洋大學的創辦人）。

井上發現參與者若是知識分子或受過高等教育的人，飯桶蓋不會移動，反之，當參與者的教育程度較低，飯桶蓋就會移動，因而將這個傾向歸因於盲目相信非理性事物的心理作用，再者，人類的手無法完全靜止，一點點顫抖都會透過飯桶蓋傳遞，他也將這種現象命名為「意念動作」。井上雖以實證揭露了狐狗狸占卜的原理，卻仍阻止不了普羅大眾對神祕世界的好奇心，下一波大浪也隨即來襲，那就是催眠術。

催眠術的第一波熱潮在明治二十年代出現，一開始原是自西方引進的醫療技術，後來卻質變為一種表演。一八九六年（明治二十九年）英國人落語家快樂亭布萊克（快楽亭ブラック）的催眠術被評為「一種不可思議的幻術」。這股熱潮後來雖然降溫，卻又在一九〇三年（明治三十六年）之際如星火燎原般普及，當時甚至有超過一百種催眠術的科普書出版。

近代的催眠術是德國醫師梅斯梅爾（Franz Mesmer）於十八世紀開發的「梅斯梅爾催眠術」。根據梅斯梅爾的理論，宇宙間充斥著無形的動物磁力，而這股動物磁力可治癒疾病。當催眠被認為是「開發」透視、預知與心靈感應這類超能力的途徑後，梅斯梅爾催眠術就帶有靈異的色彩。「學習催眠術成為通往超常世界的途徑與王道」（一柳廣孝《催眠術的日本近代》）。

催眠術成為一股流行的時代背景恰巧是一九〇三年五月於日光華嚴瀑布投水自盡的一高學生藤村操所代表的「鬱悶時代」。「年輕人大聲吶喊具思想性的、宗教性的『鬱悶』何其重要，也對唯物主義與功利主義展開批判。形而上的思想佔上風的時代也於此時揭開序幕」（一柳廣孝《催眠術的日本近代》〔催眠術の日本近代〕）。

對透視、念寫深深著迷的帝大博士

達爾文的進化論從十九世紀後半開始受到全世界認可，科學的絕對權威昇華為信仰，但令人難以置信的是，心靈學熱潮居然同時間席捲歐美，也波及二十世紀初期、明治四十年代的日本，一時間捲起心靈學相關書籍的出版熱浪。

於此時登場的超能力是號稱能透視的「千里眼」。千里眼首次公諸於世是在一九〇九年（明治四十二年）八月，聲稱自己具有這項超能力的是來自熊本，年僅二十三歲的御船千鶴子。原本就具有「靈異體質」的千鶴子聲稱自己的透視能力是由催眠術開發。

對千鶴子的能力表達高度興趣的是東京帝國大學助理教授福來友吉。這位福來是日本首位以科學方式分析催眠現象的學者，所著的《催眠心理學》（催眠心理学）直到第二次大戰爆發之前，都被譽為是研究催眠現象的聖經。

於一九一〇年（明治四十三年）二月造訪熊本的福來進行了一項實驗，實驗的內容是先以銀箔密封卡片，再透視卡片上的文字。由於實驗對象的千鶴子幾乎一一言中，福來自此對於千里眼這項超能力的存在深信不疑。京都帝國大學教授今村新吉在進行與福吉不同的實驗之後，分析千鶴子具有「近距離透視被包覆的物體」、「於催眠狀態感知遠地狀態」、「預知於不久未來發生的簡單事象」這三種能力。同年九月，由東京帝大校長兼理學博士山川健次郎以及其他學者參與的公開實驗在東京舉辦了三次。實驗的內容是將寫有文字的卡片放入鉛管，再焊接成絕對打不開的密封狀態，然後透視卡片上的文字，不過千里眼未於此項實驗得到證實。

千鶴子的透視方法存在著「缺陷」。透視時，若是以千鶴子的方式，例如背對透視物的方式進行就能成功，但是照著實驗者要求進行就無法成功，這也讓千里眼也被懷疑是一種詐術。

當千里眼與實驗連日登上報紙版面，便於全日本引起騷動，「千里眼超能力者」如雨後春筍般在全國出現，「連疾病都得以痊癒」的傳說也不脛而走。

此時在香川縣丸龜市出現一位能力高於千鶴子的「超能力者」長尾郁子。郁子不僅能透視，還能讓文字浮現在未顯像的攝影硬板上。福來認為郁子的大腦可放射「精神線」，並將這種現象命名為「念寫」。

從十九世紀末到二十世紀初期，物理學的世界發表了許多重大發現，其中包含X光、α、γ、β射線與未知元素的鐳，「被歸類為新發現的千里眼」也因此得到關注。

郁子的念寫被懷疑「可使用機關作弊」，學會對念寫的反應也因此漸漸變淡，曾經轟動一時的新聞也豬羊變色，報紙上　是「詐欺」、「魔術」的相關報導。為此而苦的千鶴子於一九一一年（明治四十四年）一月十九日服毒自殺，郁子也在短短一個多月後，因流行性感冒病死。

福來於一九一三年（大正二年）找到新的千里眼超能力者高橋貞子，繼續進行相關的實驗。同年八月出版《透視與念寫》（透視と念写），內容也偏向科學無法證明的「心靈學」。福來被抨擊為「助長迷信的學者」，到了十月便被勒令停職。

福來的故鄉岐阜縣高山市有座「福來記念・山本資料館」，負責經營的財團的理事長山本貴美子直言「不管何時、何地、由誰來執行都能得到相同結果的是科學，無法得到相同結果的是心靈的科學，所以得不到認同雖然無奈，但透視與念寫的確是事實」。

千里眼這種「超科學」事實被近代日本封殺是必然的結果。「假設『迷信』死灰復燃，豈不是會讓民眾對國家的教育系統＝學校這種國家意識型態裝置產生懷疑了嗎？」（一柳《「狐狗狸」與「千里眼」》（「こっくりさん」と「千里眼」））。

軼事

「血型與性格」也毫無根據

在迷信於科學之間，還有一種「偽科學」。由於偽科學於表面偽裝成科學，所以危害程度有時比迷信更甚，最具代表性的莫過於血型性格學說。沒有任何科學根據可證明個性與血型有關，但過去曾有公司要求在履歷表寫上血型。

宇宙物理學家池內了在《偽科學入門》（疑似科学入門）一書提到，放棄思考，「聽信」他人言論是誤信不合理事物的主因，他也警告這個傾向在現代越來越明顯，最終將走上法西斯主義的老路。

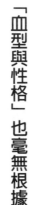

歷史學被抹殺之日
信奉南朝、掩蓋矛盾

明治末期，因日俄戰爭而疲軟的日本社會被一股封閉感重重壓迫，都市的擴張致使「無產階級」增加，社會主義也趁機浸透，暗殺天皇的「大逆事件」被揭露，動搖天皇正統性的「南北朝正閏[17]（順逆）問題」也隨之爆發。當時的政府與輿論認為，為了保護「國體」，國民教育思想應該高於史實，這也是將近代的天皇形象套入過去的超時代歷史觀。

動搖天皇制度的大逆事件

一九〇八年（明治四十一年）六月二十二日傍晚時分，於東京神田的電影館「錦輝館」召開的社會主義集會散會。假若歷史能夠重來，這場聚會得以和平收場，日本的近代史或許

17. 正閏：正為正統，閏為非正統之意。

會改寫。

這場集會是由一九〇六年（明治三十九年）日本社會黨這個日本第一個合法的社會主義政黨發起。雖然該黨早已分裂成以暴力推動革命的「直接行動派」以及透過議會取得合法政權的「議會政策派」，但這天是歡迎同志出獄的接風宴，兩派也藉機碰面。

會後，直接行動派的一夥人突然舉起繡有「無政府共產」、「社會革命」的紅旗，一邊唱著革命歌曲，一邊朝著門外走出去。於會場周邊警戒的警官為了奪下紅旗而與直接行動派的人發生爭鬥，荒畑寒村、大杉榮、管野須賀（須賀子）等人被逮捕入獄。此為「赤旗事件」。

當時企圖阻止直接行動派的議會政策派領袖堺利彥也遭到逮捕，之後被處以兩年徭役，不在現場的幸德秋水也因此帶領社會主義運動偏向直接行動路線。

繼赤旗事件之後，企圖朝天皇的馬車投擲炸彈的青年運動家於一九一〇年（明治四十三年）五月二十五日遭到逮捕，六月一日，幸德秋水也連帶被捕入獄。秋水雖未直接參與此次暗殺，但是他鼓吹武裝叛變的言論的確挑動許多鷹派人士的神經。

參與本次事件，企圖加害天皇、皇太子的犯罪者第一次以刑法七十三條的大逆罪論處，隔年一九一一年（明治四十四年）一月十八日，大審院做出自秋水以下二十四人全體處以死刑這個充滿衝擊性的判決。

半數的十二人雖然因特赦而減刑為無期徒刑，但是秋水等人卻在宣判不足一週的一月二十四日被處死（僅管野須賀是於二十五日執行死刑）。

根據警視廳調查，日本社會黨創黨之際，日本全國的社會主義者約二萬五千人（東京約有一萬四千人）。一時間，日本全國捲起罷工與暴動的狂風。原本態度緩和的政府雖迅速展開鎮壓，但無疑是過於嚴峻的一記鐵槌。

許多知識分子對於明治國家的高壓政策既戰慄又憤慨。永井荷風曾寫下「在我所見所聞的社會事件之中，再沒有比此次更令人厭惡的事件。（省略）怎能對此思想問題保持沉默。（省略）我與這世上的文學者未曾發聲。（省略）我對身為文學者之事甚感羞愧」（〈花火〉）。

德富蘆花在秋水等人處刑後的一週之後，也就是二月一日在第一高等學校以「謀叛論」為題，發表慷慨激昂的演說。

「最好的政府是讓人民忘記存在的政府。帽子雖然戴在頭上，卻不行把頭往下壓」、「強迫每個人一樣形同扼殺自由」、「不該害怕謀逆者。（省略）因為新事物常等同叛逆」。

此時還能發表這類批判。批判火力最為猛烈的當屬石川啄木。

「我是知道的，恐怖分子那悲傷的心靈（省略）我是知道的，他們想以實際的行動代替有口難言的內心」（〈一匙可可〉〔ココアとひとつ匙〕的一節）。

「我們必須奮起，對這時代的封閉現狀宣戰」（〈時代封閉的現狀〉〔時代閉塞の現狀〕）如此號召的啄木對大逆事件做出下列解釋。

「社會運動的出發點明明是正當的，政府卻以強權鎮壓，令他們有口難言。被迫沉默的他們，只能訴諸恐怖活動，藉此開出一條血路。此次事件的真凶是手握強權的政府，其毒辣的核心為天皇制度。幸德等人是與天皇制度正面對決的勇者」（自近藤典彥〈大逆事件、邁入寒冬的社會主義運動〉〔大逆事件、社会主義運動冬の時代へ〕節錄）。

事件未在秋水等人被處死後平息，而是發展成超乎鎮壓思想的問題。雖是未公開的審判，但秋水在訴訟之際的言論外洩，也成為問題的導火線。

「如今的天皇不正是殺害南朝天子，搶奪三種神器的北朝天子子孫嗎？既然如此，殺了天皇又為何要被如此問罪呢？」

飽受攻擊的「實證」教科書

明治維新的動力來自尊皇攘夷思想，因此從德川幕府奪取政權的維新政府必須藉由天皇鞏固執政的正當性，只不過，政府的統治邏輯與明治天皇的「正統性」之間存在著嚴重的矛盾。

以水戶黃門聲名大噪的德川光圀曾編撰一部《大日本史》，立論於這部史書的是水戶學，維新的尊皇思想則深受水戶學的影響。日本在十四世紀的南北朝時代曾出現兩位天皇，而水戶學的立場是以南朝為正統。

光圀之所以堅持以南朝為正統，源自要求對主君絕對忠誠的武士倫理。比起曾侍奉多位君主的足利尊氏，終生效忠後醍醐天皇的楠木正成才是最理想的「範本」。南朝正統論「不過是讚揚楠木正成的另一套理論」（節錄自秦郁彥〈熊澤天皇始末記〉《追擊昭和史之謎》〔熊沢天皇始末記；昭和史の謎を追う〕）。

明治天皇為北朝天皇的子孫，因此越是尊崇南朝與楠木正成，天皇與政權的正統性越是岌岌可危。人逆事件包藏引爆這顆「炸彈」的禍心。

早政府一步杜悠悠眾口的是大眾媒體。大逆事件宣判隔日的一九一一年（明治四十四年）一月十九日，《讀賣新聞》（読売新聞）刊出社論「南北朝問題．國定教科書的失態」，主張小學的歷史教科書不該將南北兩朝相提並論，這也是「南北朝正閏」問題的開端。

當時負責編撰這本教科書的是歷史學者喜田貞吉。到目前為止的民營教科書都以南朝為正統，但喜田以「判斷哪邊為正統，已僭越身為臣下的本分」為由，讓兩邊的朝廷相提並論。南朝正統論將北朝天皇視為「賊」，其後代子孫的明治天皇當然也可能被視為賊。

《大日本史》根據《太平記》撰寫這點也有問題，因為久米邦武以及其他知名的歷史學家曾多次指出「《太平記》無益史學」、「十有八九皆是杜撰」，認為《太平記》充滿小說色彩。

從一九〇三年（明治三十六年）初版的國定教科書《小學日本歷史》（小学日本歴史）開始，就一直採用兩朝並列的寫法，也未曾被點出任何問題，只是在野黨的立憲國民黨為了批評桂太郎內閣的失策與追究大逆事件，才首次將這種寫法作為政治鬥爭工具利用，加上某位議員撤回原本要於議會提出的質詢稿，「被桂收買」的傳聞也令輿論為之沸騰。

南朝的忠臣故事多為正成、正行父子的「櫻井之別[18]」這類訴諸讀者感情的內容，庶民百姓也因此壓倒性「支持南朝」，喜田也被視為「國賊」撻伐。

一九一一年二月二十八日，桂首相以內閣共識為由，奏請天皇以南朝為正統，樞密院會議則於三月三日以聖斷[19]的方式立南朝為正統。據說天皇曾以缺席向樞密院會議表達抗議，喜田也接到免去教科書圖書調查委員一職的諭令。

喜田的歷史研究之一為「再建論」，他認為法隆寺曾經燒毀，目前已非創建之際的原始建築（後來被證實是正確的），另外也有被差別部落[20]這類先驅研究，大部分都是與同時代有所「牴觸」的研究。

定居於喜田故鄉德島縣小松島市櫛淵町的喜田兄長的玄孫喜田和彥提到「法隆寺之爭的

當時彌漫著一股不希望結論是燒毀後再建的氛圍，不願隨眾附和的喜田貞吉便遭到排擠」。擔任櫛淵公民館館長，對鄉土歷史知之甚詳的岡田正美則提到「誠實面對史實，實踐實證主義的喜田被那些隨自己需求與願望解釋歷史的人攻擊，乃是無可避免的宿命」。

後續修訂的教科書將北朝五代的天皇全部不視為皇族，只冠上「院」的稱號，南朝則是「吉野的朝廷」，是唯一的朝廷南遷。比起視北朝為「非正統」卻承認北朝存在的《太平記》或《大日本史》，此時的教科書進一步抹去北朝在歷史留下的痕跡。

南朝正統論是將擁有絕對主權的近代天皇形象套入南北朝時代的超時代歷史釋義，也是讓基於近代天皇制度的國家概念無限制地往過去擴張的言論（伊藤大介〈南北朝正閏問題再考〉）。

同時間也出現「輿論介入本該不可侵犯的皇統」、「國民本是天皇的『臣民』，輿論居然反過來規定天皇制度」的現象（廣木尚〈南北朝正閏問題與歷史學的展開〉〔南北朝正閏問題と歴史学の展開〕）。

18. 櫻井之別：出自《太平記》，描述十一歲的正行與其父正成在櫻井驛道別的場景。
19. 聖斷：由天子裁定爭議之意。
20. 被差別部落：中世紀末期至近代初期，由身分與社會地位被歧視的人形成的部落。

軼事

明治天皇為北朝血脈

雖然喜田貞吉因為南北朝並列的問題而飽受攻擊，卻不曾否定南朝正統論，他認為，若皇室與國家尊南朝為正統，他也願從善如流，只是史實與教育應該另當別論。在當時強烈否定南朝正統論的另有其人。

歷史地理學家吉田東伍主張「南北朝不過是武士之間的紛爭。以當今陛下為首的皇族都是北朝血脈。若以南朝為正統，則閏興正滅，不合人世常道」。也有意見認為「南北朝不過是武家政治與公卿政治之爭。南朝的忠臣新田義貞只是因恩賜被尊氏所奪才投奔南朝。」（《貿易新聞》）。

大正篇

「新女性」的抗爭
高喊女人不再是附屬品

時序即將從明治進入大正的一九一一年（明治四十四年）九月，由幾位年輕女性創辦小型雜誌《青鞜》發行。自封建時代以來，女性皆被視為男性的附屬品，而這本雜誌不啻是女性的「獨立解放宣言」，被稱為「新女性」的她們也不斷與過去的陋習抗爭。在大正民主運動之中，「新女性」也賦予當時的社會最深刻的衝擊。

對「元始，女性是太陽」表達感動與贊同

從東京都文京區地下鐵千駄站往西迂迴延伸的「團子坂」的步行區域之內，曾是東京帝國大學的舊址，明治時期，曾有多位學者與文人於此定居。走上斜坡後，五十公尺前方的大樓花圃處立有寫著「『青鞜社』發源地」的不銹鋼立牌。

大部分的路人都不會多看這塊立牌一眼，但這裡曾是一座由女性築起的「梁山泊」，

企圖推翻父系社會那座無視女性人權的「高山」，也是點燃女性解放運動烽煙的紀念之地。不銹鋼立牌寫著下列的內容：

「青鞜社是一九一一年（明治四十四年）六月一日由平塚雷鳥領軍，與木內錠子、物集和子、保持研子、中野初子這幾位二十幾歲女性共同組成的文學社。文學社的事務所設於舊駒込林町九番地物集和子自家，後門掛著寫有『青鞜社』墨字的白木門牌。」

青鞜之名源自評論家生田長江（本名生田弘治）提出的「穿上藍色長筒襪如何？」這個提案的典故源自十八世紀中葉，於倫敦女性資產家沙龍與男性討論科學、藝術的女性都會穿上藍色襪子。「森鷗外以『韤』這個字代替長筒襪，所以藍色長筒襪便譯為『青韤』」（森 mayumi〔まゆみ〕《「青鞜」的冒險》）。

《青鞜》創刊號的封面是由後來嫁給高村光太郎的長沼智惠子所繪。只由女性所編的雜誌在當時可說是前無古人，雷鳥（本名明子）與其他四人皆是不諳編輯的外行人。《青鞜》一開始只是「女流文藝雜誌」，沒有解放女性的意圖，但於創刊號刊載的詩以及「宣言」就像是「在當時年輕女性的胸中引爆炸彈」（村上信彥《大正女性史》上冊）般震撼，也讓女性解放問題逐漸成為一種社會現象。

群山震動的日子來了。
縱使這麼說，人們也不願相信。（省略）
但，不信也無妨。
人們啊，該相信的只有這個。
那就是沉睡的女性如今將全部覺醒了。

——摘自與謝野晶子〈心煩意亂〉（そぞろごと）

元始，女人是太陽。是眞正的人。
現在，女人是月亮，依靠他人生存，反射他人光亮，似面容蒼白的月亮。（省略）
我們要讓那被掩蔽的太陽回到原位。

——摘自平塚雷鳥〈元始女人是太陽〉（原始女性は太陽であった）

發行一千本的創刊號頃刻售罄，訂閱的來函也紛紛湧入，發行量也於隔年增至三千本。這是文學雜誌未曾有的紀錄，青鞜社每天收到許多女性表達感動、贊同的感謝信。

「過去是女性被迫徹底服從家庭制度、戀愛的煩惱與慾望都被壓抑的時代，也是女性至今未有機會與空間表述心聲的時代，這些時代存在著這一道道由社會築起的牆壁。當這本純粹由女性編撰的雜誌正面衝撞這些牆壁，主張女性的權利，所有女性當然會因歷史為之改變而動容」（村上信彥《大正女性史》上冊）

到底當時的女性是多麼「不被尊重為人」呢？延續武家家督繼承制度的明治民法規定，女性被視為附屬於家庭與丈夫的「無行為能力者」，治安警察法規定，女性不得參加政治集會，通姦罪也只規範女性（若對方已婚，男性也將被處罰）。

若丈夫外有情婦，妻子只能忍氣吞聲。據說明治末期的非婚生子女比例高達百分之十六，進入大正中期也仍超過百分之十。女性也因公娼制度被當成國家公認的「商品」。「男性一旦嘗過用錢買女人是什麼滋味，就無法再將女性當成獨立的個體看待。（省略）女人不是一對一的戀愛對象，而是男人的洩慾工具」（《大正女性史》）。

否定賢妻良母與家庭制度

明治時期的女子教育以結婚生子為主軸，女性被要求成為「賢妻良母」，在家族國家觀的大義之下，被課以守護家庭、穩固國家根基的義務。

明治時期強調「貞淑」概念，進入大正時期後，臨時教育會議（一九一八年（大正七年））也以「女子教育相關事宜」為題，強調女性必須具備「淑德節操」與「符合家庭制度的素養」。

「貞潔慎行之妻」的定義是默許丈夫的女性關係，專心家事與育兒，對外面的世界不感興趣的妻子。當時的「新女性」正面抨擊這種「為男人而生」的女性刻板印象。

雷鳥怒喊「難道為了延續種族，女人就得犧牲一輩子嗎？」也控訴「被稱為妻子的幸福婦人」就是「終其一生服侍男人，在白天像個奴婢，隨男人呼來喝去，在夜裡像個妓女在床上服侍男人嗎？」（〈寫給這世上的婦人〉〔世の婦人たちに〕《青鞜》一九一三年〔大正二年〕四月號）。

與謝野晶子也於〈人性的教育〉（人間性の教育）一文強烈抨擊「幼時從父、出嫁從夫、老時從子，形同不具獨立人格的奴隸」這種所謂賢妻良母的女性樣板。

「《青鞜》屢屢與家庭制度上演正面衝突，屢次遭受禁止發行的處分，雷鳥個人也是徹頭徹尾抵抗家庭制度的反對者」（堀場清子《青鞜的時代》〔青鞜の時代〕）。

否定家族制度形同動搖天皇制度的基礎，對國家無疑是一種威脅，於是女學校被禁止訂閱《青鞜》，「我要殺死妳」的恐嚇信也如雪片般湧入青鞜社。常時曝露於批評火網之下的《青鞜》也曾被「五色酒」、「吉原登樓[1]」這類醜聞惡意中傷。

一九一二年(明治四十五年)六月,年僅十九歲的青鞜社成員之一尾竹紅吉(本名一枝)於登上廣告版面的酒吧喝了五色漸層的調酒,雷鳥與中野初子等人又在紅吉的叔父安排下參觀吉原以及與花魁[2]對話。這些事被報導成「青鞜的新女性大白天就在酒吧飲酒,還在吉原放浪形骸」,報紙也無獨有偶地刊載了這些批評。

一九一三年(大正二年)六月刊印的《新女性的內在》(新らしき女の裏面)一書寫滿了對青鞜女性的漫罵,例如「既任性又愛說大話的一群人」、「偽裝西化,卻幼稚淺薄」、「真想搧她們巴掌,讓她們從夢中清醒」,字字句句都不堪入耳。

大正二年是女性問題紛爭最為沸騰的一年。雷鳥以自嘲的手法反向操作「新女性」一詞,在女性問題的爭論上不肯退讓半步。

「我是新女性。我日日期許與努力,希望自己以新女性為榮」(《中央公論》新年號)。

「我的一切都是舊事物之敵。(省略)因舊事物已不再有生命。(省略)我的一切是

1. 吉原登樓:吉原是日本舊時最大的紅燈區,登樓為男性與女性上樓作樂之意。
2. 花魁:吉原之中,地位最高級的遊女。

新事物之友。非也，我希望己身就是新事物的象徵」（五月刊行的《來自圓窗》〈円窓より〉）。

為了讓後世了解雷鳥的奮鬥足跡而設立的「NPO法人平塚雷鳥會」米田佐代子會長提到「雖然雷鳥被譽為女性解放鬥士，但她希望的是從母性的立場打造一個零歧視、充滿和平的社會。《青鞜》的女性早在一百年前提出育兒煩惱與性騷擾的課題，但至今仍未獲解決」。

新女性不斷透過「貞操」、「墮胎」、「賣春」這些議題挑戰禁忌。青鞜於一九一五年（大正四年）的新年號開始，由伊藤野枝接手雷鳥的工作。雖然野枝提出更為激進的女性論，但《青鞜》還是在隔年的一九一六年（大正五年）二月拉下帷幕。

同年十一月九日，標榜自由戀愛的野枝與女性關係複雜的無政府主義者大杉榮，在神奈川縣葉山的旅館「日蔭茶屋」留宿。前來採訪的新聞記者神近市子（日後成為女性解放運動家與眾議院議員）被捲入大杉遇刺事件。大杉與妻子、野枝、市子成為四角關係。雷鳥將這個事件形容為「青鞜的輓歌」。

七年後的一九二三年（大正十二年）九月一日，身陷關東大地震混亂的野枝與大杉遭憲兵隊趁亂殺害，反體制的女性代表之一，最終落得遭受國家報復的下場。

軼事

封建的女性觀仍於近代延續

女性隸屬男性的教育從江戶時代之後被徹底強化，因為若平等對待男女，將動搖封建身分制度與破壞家族制度，自由戀愛被擲下嚴命禁止，若有逾矩之人，以死罪或酷刑論處。

江戶時代中期的女子修身書《女大學》（女大学）曾記載「別無主君之婦人應對丈夫敬之、慎之，事之」的內容，提倡女子應以服從為美德。這種要求女性奴從丈夫的道德觀從日本鎖國後成形，進入明治時代後，這種傳統女性的刻板印象更深入日本人的骨髓。一九〇九年多位女子教育家發表的「改正女子訓」也被稱為「嚴禁訓」。

「今日在帝國劇場、午後在咖啡廳」於東京都綻放的大眾文化

大正時期是大眾社會正式成形的時代。轉型為工業社會的同時，人口也從農村流向都市，「都市中產階級」也於焉形成。教育普及、生活水準提升、休閒時間增加，人們開始享受消費與娛樂，大眾的興趣也從明治的「改良」轉為「文化」。

白亞殿堂、戲劇掀起近代化革命

「未見帝劇，勿論戲劇。」

一九一一年（明治四十四年）二月底，東京的報紙刊出日本首座西式大劇場「帝國劇場」的廣告，三月一日，以備前伊部的白磚瓦裝飾的法式文藝復興風格裝飾的「白亞殿堂」於東京丸之內一隅華麗開幕。

這座「帝國劇場」的觀眾席共分三層樓，座位多達一千七百處。內部以義大利大理石

打造的圓柱與壯麗的繪畫、雕刻裝飾，二樓大廳還懸吊著光彩奪目的吊燈，其豪奢的內裝與西方的劇場相比也毫不遜色。

除了建築物本身，帝國劇場的誕生也是劇場文化的近代化革命。就傳統而言，戲劇小屋都是由茶屋接待客人，客人可邊吃東西邊看劇。從給帶位者小費這些細膩的潛規則就可以得知，看戲是舊街區有錢人的娛樂。

帝國劇場的觀眾席禁止飲食與抽菸，男性服務生身著晨禮服，女性帶位者則身著洋裝圍裙。他們不收小費，劇場也採取近代化方式經營。

所有觀眾席採對號入座制。館內設有日洋融合的大型食堂、咖啡廳與特別休息室，也備有當時仍屬少見的沖水馬桶。為避免如日式戲劇小屋悶熱，特別以大型電風扇循環室內空氣。

直至大正中期為止，入場費都介於二至五日圓之間。當時的大學畢業生平均起薪為四十日圓（二〇一二年的起薪約二十萬日圓），若換算成現在的幣值，高達一萬至二萬五千圓之譜。

當時的「中產階級」分成高階官吏、銀行行員這類少部分的高所得層與低所得層，若非上流特權階級就付不起這宛如天價的入場費。

知名的「今日在帝國劇場、明日在三越」的廣告充分反映於大正時代，撐起高度消費社會的都市中產階級的願望。只要稍微踮起腳尖，試著多努力一點，就能享受眾所憧憬的「西式文明生活」。

帝國劇場就是象徵這個夢想的紀念碑，劇場內的高級餐廳也成為知名的相親場所。

帝國劇場的竣工公演（開場招待與一般公演）戲目為尾上梅幸、中村鴈治郎這幾位歌舞伎演員演出的《賴朝》、《伊賀越》、《羽衣》，當時曾引起「在西式大劇場上演歌舞伎有些格格不入」的反對聲浪。

長期保存大正時期帝國劇場公演戲目與劇本大綱的電影戲劇文化協會（東京有樂町）的田島尚史戲劇事業部長提到「當時的戲目多是歌舞伎與西方歌劇的」。

可愛的卡秋莎呀　離別是充滿苦楚的
至少在淡雪尚未溶化前
向神明（啦啦）許個願望吧

一九一四年（大正三年）三月，帝國劇場上演了托爾斯泰原作、島村抱月改編的新劇《復

活》，扮演女主角的松井須磨子在劇中演唱的〈卡秋莎之歌〉（カチューシャの唄）造成全國性的大流行。

這首歌也影響了社會風俗，例如年輕女性族群開始流行中分的卡秋莎髮型，命名為「卡秋莎」的梳子、緞帶與戒指或其他裝飾品都相當熱賣。

「對社會風俗造成如此廣泛影響的新劇可謂空前絕後」（嶺隆《帝國劇場開幕》〈帝国劇場開幕〉）這首〈卡秋莎之歌〉受歡迎的程度猶如火箭一飛沖天。雖然當時以「歌詞不健康」為由，禁止學生觀賞這齣戲與唱這首歌，但年輕族群依舊毫不顧忌地高聲歡唱。

隔年，由松井須磨子主唱，以「人生苦短，戀愛吧，少女」一詞聞名的劇中插曲〈鳳尾船之歌〉（ゴンドラの唄）也造成流行，帝國劇場也成為大眾文化的發源地。

一九一八年（大正七年）俄羅斯大作曲家普羅高菲夫（Sergei Prokofiev）在帝國劇場舉辦鋼琴公演，二年後，米夏・艾爾曼（Mischa Elman）也在此舉辦小提琴公演，此時的帝國劇場也引爆歌劇熱潮，儼然成為最先接觸西方一流文化與摩登事物的窗口。

在帝國劇場看戲聽歌劇，在日比谷公園、銀座漫步，在時尚的咖啡廳邊喝咖啡，邊談論文學。

在菊池寬、永井荷風的小說、散文之中，帝國劇場、銀座、咖啡都成為「舞台裝置」，知名度逐漸拉高後，就讓普羅大眾對東京的都市文化產生強烈的憧憬。

鷗外與荷風也沉醉的異國香韻

「坐在帝國劇場之中，隱約看得見黑暗之中，位於水道盡頭的柳樹（省略）西歐文明的香氣竄入商店之中，撲上每個人的服裝、（省略）久久難以散去（省略）。披著黑色披風的男人與戴著白色帽子，宛如幽靈的小女孩走進春天咖啡館。（省略）第一次喝咖啡的我見到父親將牛奶與砂糖倒入杯中，心想，咖啡應該非常好喝吧」（《記憶之繪》〔記憶の絵〕）。

這是作家森茉莉根據陪同父親森鷗外在帝國劇場看戲，後於銀座的春天咖啡館品嚐咖啡的幼時回憶寫成的隨筆。春天咖啡館是日本最早稱為咖啡館的店家（一九一一年〔明治四十四年〕三月，於現在的銀座八丁目開店）。

當時的日本人還不太了解什麼是咖啡館，因此春天咖啡館為了增加常客而採取會員制。會員除了鷗外，還包含永井荷風、正宗白鳥、高村光太郎、谷崎潤一郎、黑田清光這些頂頂大名的文人或藝術家，成為文藝沙龍的春天咖啡館也令庶民望之卻步。

春天咖啡館開幕的那年，陸續有咖啡館在銀座開幕，於八月開幕的是「Café Lion」（現在的銀座五丁目），不過這間咖啡館是由西式餐廳精養軒經營，比起咖啡，主力是提供西式餐點與洋酒，後來則轉型為知名的啤酒屋。

於春天咖啡館開幕九個月的同年十二月，Café Paulista 於現在的銀座六丁目開幕。三樓式洋房、北歐式壁爐的客廳、白色大理石的桌子、洛可可風格的椅子，店內的一切都以巴黎的咖啡廳為藍圖。

雖然經過數年之後，大多數的咖啡館都轉型成由「女給」提供特殊服務的特種營業，但 Café Paulista 始終由身著海軍服的少年擔任跑堂，而且這裡也是第一家以巴西咖啡豆提供「真正」咖啡的正統咖啡館。

當時，Café Paulista 的周邊有許多報社與外國商館，此區儼然成為代表東京的文化薈萃之地，菊池寬、久米正雄、宇野浩二、芥川龍之介都是座上常客，這裡也與春天咖啡館同樣成為文化據點。

Café Paulista 與春天咖啡館不同的是庶民風格。負責經營創業超過一百年，目前為日本最古老咖啡館的 Café Paulista（現址為銀座八丁目）的日東咖啡長谷川浩一會長提到「一杯咖啡五錢，搭配甜甜圈只要十錢是當時的賣點，那是市區電車運資僅七錢的時代。據說當時一天可賣出三千至四千杯，盛況可見一斑」。

店內擺放了美國的自動鋼琴，也放著《卡門》與《風流寡婦》的歌曲，咖啡的香氣與香菸的氳氤融合成充滿西洋氣息的空間。

咖啡是以裝滿為一合的杯子提供，若以剛剛大學畢業的起薪換算售價，等同現在的二百五十元，這算是相當便宜的價格，也讓都市的普羅大眾得以一嚐咖啡的滋味與異國的氣氛。

劇作家、俳人久保田萬太郎回憶文學青年時代的自己時提到「我們口中所說的去銀座逛逛，其實就是在那間店（Café Paulista）消磨三十分鐘或一小時的時間」。

此外，店面二樓是出版日本第一本女性文藝誌《青鞜》的青鞜社的聚會場所，在此常可見到平塚雷鳥、與謝野晶子與其他志同道合之友。

咖啡愛好者的詩人北原白秋曾詠嘆「何等柔軟滑順啊，誰忍中途棄飲，珈琲啊　吐出的紫色煙霧，緩緩地升至半空」。

咖啡與咖啡館讓大正時期的文人墨客沉醉，也培育了日本的現代主義。

咖啡館從銀座擴散至東京各地的鬧區與大阪這些都市，也漸漸浸透大眾社會。當時代從對西方文化抱有憧憬與反感並存的明治時代，變遷至全盤接受外來文化的大正世代，咖啡館正是大正世代的文化寫照。

軼事

不管阿貓還是阿狗，都要冠上「文化〇〇」

大正時代很流行在各種商品冠上「文化〇〇」的名稱，例如文化鍋、文化瓦斯爐，就連學校也流行〇〇文化學院這類名稱。

一九二二年（大正十一年）於東京上野舉辦的平和紀念東京博覽會展示了十四戶文化住宅，全國的大都市郊區也紛紛出現文化村與文化住宅，摩登的西式住宅成為人人心中的憧憬。

不過也有意見指出這些都是「在我國住宅現況過於貧弱之際，一種合理化西式住宅的淺碟文化」、「反映了大正時期合理化生活的淺碟文化」（竹村民郎《大正文化：帝國日本的烏托邦時代》）。

投身火中的教師
守護天皇照片的沉重壓力

自一八九〇年（明治二十三年）頒布教育敕語之後，敕語奉讀與膜拜天皇、皇后照片的「御真影」的儀式成為學校的例行公事，教師也奉命嚴加保管與管理御真影，也才會發生教師為了從火災現場救出御真影而殉職的事件。自大正時期之後，這些事件被表彰為美談，也成為一股風潮。

殉職引起迴響，普及的奉安殿建設

一九二一年（大正十年）一月六日晚間六點半之後，長野縣埴科郡南條尋常小學的值勤室冒出火舌，二樓式建築的木造校舍付之一炬。

該校的御真影奉安室與起火點的值勤室同樣位於二樓，接獲緊急通知的該校校長中島仲重趕赴火場時，「救出」御真影已是不可能的任務，但中島校長仍以身犯險，衝著熊熊大火的校舍，結論當然是燒死，此時的他年僅三十七歲。八日的當地報紙刊出下列報導。

「中島校長於猛火中燒死．不顧他人阻止，一心衝入奉安殿．於烈火中燒毀的樓梯一同墜落，被無情地燒死」（《長野新聞》）。

「與猛火中的御真影一同燒死．脫光衣服，毅然跳入火中」（《信濃每日新聞》）。

「手捧御真影的校長被烈火焚身．其悲壯人鬼同泣」（《信濃日日新聞》）。

這些對中島校長的讚揚之詞傳播至全國後，共有二千零四十二個團體與一千零三十八人捐贈總額高達二萬一千一百三十七日圓二錢的弔唁金（岩本努《為「御真影」殉死的教師》（「御真影」に殉じた教師たち」））。

二〇一三年開校一百四十周年的坂城町立南條小學校門附近，立有於事件當時建造的中島校長表彰碑，前方設有遊樂器材的廣場也被命名為「中島公園」。

該校教務主任宮原明人提到「雖然不太會在課堂上提到這件事，但在避難訓練之際，校長會拿出在校園裡發現的，燒焦的舊校舍木片，同時提及當年這件事。中島校長殉職這件事至今仍在這個地區傳承，小孩子也從父母口中得知這件事」。

「御真影是於廢藩置縣（一八七一年（明治四年））之後於府縣廳、師團本部這類設施懸掛，主要的對象是高階官僚與外國使臣」（小野雅章〈御真影神格化過程〉〈御真影神格化の過程」）。

懸掛御真影的學校首例為一八七四年（明治七年）六月的開成學校（國立西學機關，東京大學的前身之一），一八八七年（明治二十年）之後，師範學校、一般中學只要申請，就能懸掛御真影。

一八八九年（明治二十二年）十二月，在文部省的通知下，小學才得以懸掛御真影，但不是所有的學校都得以懸掛，因為這對該地區而言是無上的榮譽。

一八九〇年（明治二十三年），兵庫縣的某所小學的校長，在郡役所[3]獲頒御真影之後，便率領七百多名學校同唱日本國歌。捧著御真影的校長在學生前後左右的保護之下抵達學校。鳴放禮炮後，舉行由郡的各町村長或地方士紳列隊參加的「拜戴式」（岩本努《為「御真影」殉死的教師》）。

隔年十一月，文部省頒布「御真影與教育敕語謄本必須奉置於校內最重要的固定場所」的敕令，護衛御真影也成為必須賭上性命的絕對責任。

「讓御真影遠離火災、天災或是竊盜這類情事已成為教師、校長攸關身體與生命的一大問題」（小野雅章〈御真影、奉安殿的戰後「改革」〉（御真影・奉安殿の戦後「改革」））。

一八九六年（明治二十九年）六月，三陸地區遭受海嘯襲擊，岩手縣一名企圖救出御真影的小學老師因此死亡，成為第一位為了拯救御真影殉職的教師。

這位教師雖然得到讚揚，但此時也出現「主上的照片雖然尊貴，但是如同臣子的一介國民的性命更加尊貴」（《國民新聞》〔国民新聞〕的投稿）的批判。

一九〇七年（明治四十年）一月，仙台的某處中學發生火災，也因此出現第二起殉職事件，當地報紙《河北新報》也大肆批評「殉死」一事。

在前述的南條小學的中島校長殉職時，也有「不論什麼場合，物品是無法取代人的，雖有不敬，但御真影終究是物，中島校長的人命寶貴」的意見。或許當時仍是大正民主時期，這類異議還能被容忍。

因中島校長之死引起的全國性迴響成為守護御真影的轉捩點，全國開始將御真影放在校舍之外較為堅固的「奉安殿」管理，名義上是保護御真影，實質上是保護校長與教師的性命。

3. 郡役所：郡的官方辦公處。

學校為了「自衛」而捏造的美談

一九二三年（大正十二年）九月一日發生了關東大地震，有許多教職員於此次地震犧牲，同時也傳出多位教職員為了拯救御真影而殞命的佳話。

當時最為人津津樂道的就是神奈川縣酒匂一般小學教師杉坂kita（きた）的殉職。「於大震災之日值勤時，遭遇大地震的杉坂在御真影奉安所前方大喊『御真影、御真影』之後，拼死保護御真影，最後被烈火焚身而殉職」（《教育塔誌》）。

當時的杉坂僅二十三歲，是首位因御真影殉職的女性教師。進入昭和時代之後，杉坂的殉職也被進一步美化。

一九三七年（昭和十二年）的報紙刊出「雖欲保全御真影，卻壯志未遂，遭傾倒之校舍強壓。後於奉安所旁側發現燒至焦黑之遺體。見者無不因其責任感之強而涕然落淚」的報導。

不過這段佳話在教育史研究者岩本努的調查之後發現並非事實。一九七三年（昭和四十八年）仍健在的杉坂的同事，原本也是教師的女性做出下列證詞：

「雖然杉坂老師被認為是為了保全御真影而死，但實情並非如此。（省略）真相被扭

曲成杉坂老師是為了救出御真影而死。」」（《為「御真影」殉死的教師》）

不管實情如何，御真影被燒毀絕對是一大事件，而為了緩和社會對此事件的批評，也為了自保，絕對需要「奉獻生命」這類佳話。

共有四十一名教師在關東大地震殉職，其中有九人被認為是為了御真影而死（《教育塔誌》）。

在關東大地震之後，御真影的防護變得更加嚴實，奉安殿也打造成耐震防火的堅固構造。

進入昭和一〇年代之後，文部省訂立「御真影奉護相關注意事項」（御真影奉護ニ関スル注意事項），也下達「御真影必須奉置在方便學生、兒童與一般國民敬禮的場所」這類指示。

後續又以「盡量將奉安殿打造成尊貴莊嚴的外觀」為由，獎勵民間建造神殿樣式的奉安殿，奉安殿也因此被神格化，許多學生被規定在放學時，向奉安殿行最敬禮。

御真影受到「超乎人類的尊重」的亂象在太平洋戰爭之際達到顛峰。戰局惡化的一九四四年（昭和十九年）八月底之後，東京三十五區的國民學校的御真影紛紛疏散至西多摩郡「避難」。

此時的行動準則是「發生萬一時，必須以身保全御真影」。文部省於前一年頒布的「學校防空指針」也將「保全御真影、敕語謄本」訂為最優先事項，其次才是「保護學生與兒童」。

二次世界大戰戰敗後，基於聯合國最高司令官總司令部掃蕩軍國主義、國家主義的指令，御真影被迫歸還中央，奉安殿也被破壞殆盡。一九四五年（昭和二十年）年底至一九四十年一月上旬，各學校的御真影一律回收，同時以最高機密的方式燒毀，從明治初期延續的御真影與參拜儀式也從教育現場消失。

大阪城公園（大阪市中央區）西南處，有一座高於三十公尺，外牆由花崗岩建造、形象十分莊嚴的「教育塔」。塔內安放了於教育現場去世的教職員與兒童的「芳名牌」。一九三四年（昭和九年）九月的室戶颱風吹垮了校舍，許多大阪府的教職員與兒童於此時被壓死，所以這座教育塔原先是為了紀念死難者而建造的慰靈碑。

後來改為建造祭祀全國「教育殉難者」的紀念塔，並於一九三六年（昭和十一年）十月三十日的教育敕語頒布紀念日竣工，也舉辦了殉職者「合祀」的教育祭，其中共有二十八位為了守護御真影或教育敕語謄本而殉職的教職員。

每年敕語頒布紀念日都會以神道式的「合祀祭」方式在教育塔前方舉辦教育祭，即使到了戰後，日本教職員工會仍以幾近原本的方式舉辦，這座教育塔也被譽為「教育界的靖國神社」。

儘管現代已取消敕語紀念日，但教育祭仍在十月底的星期日舉辦，二〇一三年（平成二十五年），讓三一一大地震犧牲者五十二名於此合葬，隔年二〇一四年十月二十七日的教育祭又讓另外二十四名地震犧牲者合葬，此時的合葬者總數為二萬七千二百二十一人。

軼事

與事實相悖的小說《父之死》（父の死）

在「御真影與教師之殉職」之中，最為有名的是作家久米正雄之父久米由太郎的自殺，據傳聞，一八九八年（明治三十一年）三月，由太郎擔任校長的長野縣上田的小學發生火災，御真影也於這場火災焚毀，由太郎因此引咎自殺。

久米正雄於小說《父之死》描述這件事之後，這段內容像是弄假成真般流傳開來，但終究是杜撰的情節，御真影也未燒毀，起火的是明治天皇於北陸巡幸之際的行宮，普遍認為由太郎是因自責才決定自殺。

中產階級之夢、郊區的烏托邦
獨創！生活革命誕生

時代進入大正時期後，產業轉型為工業，人口不斷往都市集中，各種公害或居住環境惡劣的都市問題叢生，致使經濟尚有餘裕的中產階級渴望擁有更符合人性的生活以及選擇郊外定居，假日於車站前的百貨公司消費，或在娛樂場所享受生活，已成為現今日本人的生活型態。這場「生活革命」是從關西發端。

吸引民衆住在沿線的逆向操作

日本的產業在第一次大戰創造的絕佳景氣之下急速重化學工業化，一九一九年（大正八年），工業生產總額首次高於農業生產總額，人口也紛紛往工廠林立的大都市湧入。隔年一九二〇年（大正九年）的六大都市（東京、橫濱、名古屋、大阪、京都、神戶）的人口達七百六十三萬人，佔總人口數十三點六百分比，十年後增至一千零九十四萬人（佔總人口數十六點九百分比）。

一九二〇年，日本全國從事農林業的人口數為一千五百萬人，製造業、商業、服務這類非農林業的人口數為一千二百萬人。相對於十年後毫無成長的農林業，非農林業的勞工人數增至一千四百八十萬人，其中增加的二百八十萬人幾乎都湧入大都市。

這些都市裡的非農林業勞工通常是公司員工與公務員這類受薪階級，也就是所謂的上班族或白領階級，在當時，他們被稱為「新中間層」，收入與學歷都較自營業或工匠師傅這類「舊中間層」為高，而且也有固定的假日，因而能悠哉地享受生活。

但是都市的住宅品質遠遠跟不上人口增加的速度，住宅區、工廠、商店街雜立，都市的生活環境如溜滑梯下降般惡化。問題最為嚴重的就屬大阪。大阪市於一九二五年（大正十四年）擴張範圍，至使面積與人口都超過當時的東京市，成為日本首屈一指的大都市。以纖維工業為主力的工業生產總額也躍居全國第一，因此得到「東洋的曼徹斯特」美譽，卻也因此付出被戲稱為「煙都」的代價，空氣污染與噪音的問題日益嚴重。

上流階層的富人於大阪與神戶之間的郊區興建豪宅與別墅，率先逃出大阪。新中間層雖然也想逃離大阪，但郊區的住宅高不可攀。於此時登場的是阪急集團創業者小林一三，他是率先開發郊區，為中產階級實現美夢的不世之材。

「大阪市民們啊，美麗的水都已成為過去的美夢，現在的我們被困在在灰黑色天空的煙都裡！（省略）關心大阪公共衛生的各位市民，對都市生活的不安要有所警惕，也該懷念饒富田園趣味的郊區生活」。

箕面有馬電氣軌道（現稱阪急電鐵）的箕面線開通前一年一九〇九年（明治四十二年），小林開始以宣傳手冊宣傳住宅地的銷售，並於沿線的池田市室町購入約二萬七千坪的土地，再以分割出售的方式，將住宅地賣給大阪的上班族。

於每區塊一百坪的土地建造的是二十至三十坪的二樓式住宅，房價則介於二千五百日圓至三千日圓之間。雖然這是新中間層四至六倍的年薪，但只要自備兩成的頭期款與十年期的貸款就能購得，這也是日本首見的房屋貸款，也讓中產階級的上族班有機會在郊區擁有自己的家，於是分割出售的住宅地瞬間售罄。

其實銷售住宅地是釜底抽薪之計。阪神、南海這兩條路線先於關西的都市間開通後，晚一步開通的箕有電軌沿線因為周圍都是空無一物的大片農地，所以又被譏為「蚯蚓電車」。

「讓電車在罕無人煙的地區開通是腦袋有問題嗎？」被如此取笑的小林卻逆向思考，認為「只要讓百姓住在沿線地區，就能為電車創造顧客」。

這個想法完全迎合新中間層擴大，大阪都市環境惡化的時代。郊區田園都市的構想是於二十世紀初期的英國誕生，但是將鐵道與住宅銷售搭在一起的郊區都市構想可說是小林獨創的想法。緊接著阪急百貨便於一九二九年（昭和四年）在大阪梅田開幕。這座阪急百貨可說是世界首見的嘗試，因為它是前所未有的車站式百貨公司。到目前為止的百貨公司都位於離車站有些距離的鬧區，消費者必須提著重重的戰利品回到車站，當時也有百貨公司提供接駁公車，往返百貨與車站之間。

這種嘗試的確是一種逆向操作，其用意不在招攬客人，而是在人潮洶湧的車站前面建造百貨公司，客人自然會上門。在此之後，車站式百貨公司就於關西以及全國各地誕生，如今已是日本人習以為常的景象。東急電鐵創辦人五島慶太曾說「自始至終，小林一三總能憑一己智慧貫徹自己的決心」，他也表明自己曾接受小林的指導。

每逢假日便熱鬧非凡的歌劇劇場與百貨商店誕生

非獨善其身而是加惠萬人的創意必引來眾人仿效，因此在經過時間的發酵後，「獨創」就會融入日常生活，成為習以為常的風景。

除了於鐵道沿線開發住宅區之外，小林還為社會貢獻了許多「習以為常」的事物，例如位於郊區的休閒設施以及在此舉辦的文化活動，或是電車之中的吊牌廣告、發行公司債券、企業簡介手冊、大眾化的西式餐廳、少女歌劇劇場、全國高中棒球大會。

廣告文案也別具匠心，例如一九三四年（昭和九年）神戶線開通之際的報紙廣告就以「美麗、快速、寬敞與無敵美景的涼爽電車」為廣告文案。神戶線的乘客雖然比先開發的同線阪神電車還少，但這種「自虐式」文案卻讓這個弱點昇華為「寬敞、舒適」的優點。

小林是最早察覺由中產階級建構的大量消費社會即將到來的經營者，他所採取的基本策略就是以「普羅大眾為對象的現金交易」，阪急百貨大食堂的五十錢午餐與二十五錢咖哩飯都廣受庶民青睞。

在眾多菜色之中成為傳說的是「醬飯」（或稱醬汁飯），這是一道只在白飯淋上醬汁的料理。在不歡迎客人只點白飯的當時，小林下令「招待只點白飯的客人福神漬」，這讓阮囊羞澀的庶民大為感激，這也是關西人欣賞小林的人品欣賞得無可自拔的理由之一。

收藏小林的美術品的逸翁美術館（大阪府池田市）的館長伊井春樹提到「小林本是山梨縣富商之子，出身富貴的他居然能如此準確地察覺庶民的願望，想來著實不可思議」。

小林之所以能有眾多創舉，除了基於他的才能，阪神地區的特性也有相當的影響。一如阪神地區成為谷崎潤一郎筆下的《細雪》的舞台，從大正到昭和初期，阪神地區一直享有「阪神間摩登主義」的美譽，也是近代文化的最前線。

阪神電鐵也搶先阪急一步，先沿線開設各種娛樂設施。自明治末期開始，便興建了海水浴場、百花園、賽馬場與高爾夫場，在六甲山鋪設纜車，將此地開發成觀光名勝也是阪神電鐵。住在神戶的外國人喜歡爬山，因此健行也成為阪神電鐵沿線居民的高格調休閒活動。

最足以代表小林一三在阪神地區推出的大眾文化之一應屬寶塚歌劇。如今已成為享譽全世界的大眾劇團在當時是迫於無奈成立。

顧名思義，小林最初著手經營的箕面有馬電氣軌道，終點應該是有馬溫泉，但在遲遲無法取得該溫泉與泉源的使用權之下，最後只能無奈地將終點設在中途的寶塚，同時設立寶塚新溫泉。幾年後，小林曾說「寶塚是刻意打造的都會」。一九一一年（明治四十四年）大浴場完成，據說當時每日都擠進一千二百名的入浴客，隔年，又在大浴場旁邊建造二層樓的西式娛樂設施「樂園」，也設立了當時罕見的室內游泳池。

不過這個計劃遭受重大挫敗，因為沒有加熱裝置的游泳池冷得沒人想跳下去游泳，所以便將這座室內游泳池改造成少女歌劇劇場。之所以定位為「少女」，是為了與大阪三越百貨的少年音樂隊抗衡。阪急文化財團學藝課長仙海義之提到「假設鐵道能鋪設到有馬溫泉，寶塚歌劇團應該就不會誕生吧」，同時也提到「假設室內游泳池沒有失敗，三越也沒有少年音樂隊」，沒有這麼多的「假設」，斷不會有今日的寶塚歌劇團。

一九一四年（大正三年）四月一日寶塚一期生的十六名少女首次公演，此時正在舉辦「婚禮博覽會」，公演只是餘興節目，戲目也是適合兒童欣賞的桃太郎歌劇「DOM—BRAKO」（ドンブラコ），但風評不錯，四年後甚至於帝國劇場舉行東京公演。

舒適的住宅、假日的悠哉讓日本人思考何為符合人性的生活。當時庶民夢想的中產階級消費生活是天時、地利加上卓越的經營者所催生的結果。

軼事

寶塚對手塚的漫畫造成深遠影響

被譽為「漫畫之神」的手塚治蟲在寶塚度過幼少年時期，手塚的父親是於大阪淀屋橋某個財團大企業任職的上班族，也是以當時仍屬高價的相機為嗜好，手頭相對寬裕的典型中產階級。

手塚的母親是狂熱的「寶塚迷」，去新溫泉的遊樂園玩或是欣賞歌劇就是她消磨假日的方式。寶塚對手塚漫畫也造成深刻影響。手塚曾以「因為歌劇成癮症尚未痊癒，所以畫成少女漫畫的風格」，形容自己的知名作品《緞帶騎士》。

「底層」百姓的救贖
棄弱者於不顧的近代

懷著「與歐美各國並駕齊驅」的夢想奮力急起直追的日本近代史，也是一段充滿犧牲的歷史，其中最可憐的犧牲者莫過於社會的弱勢族群，例如被冠上「不勞者不得食」惡名的窮人，或是在堪稱「必要之惡」的公娼制度之下，人權被忽視的妓女。直到進入大正時期，才總算有救贖之手向他們伸援。

東京各處淪為貧民窟，百姓過著悲慘的生活

「難以從社會底層深淵脫困的百姓，不論是父母還是兒女，都逐步墮入慘無人道的暗黑生活。」

大正時期，作家草間八十雄探訪位於東京南千住新町（現今的荒川區）後巷的大雜院「朝日館」之後，寫下上述的感想。受日本政府內務省與東京市之託，負責調查貧困百姓

生活情況的草間，留下許多與貧困問題有關的著作。

朝日館共有七十五間房，約住了三百人。每間兩坪或二．二五坪的空間平均得擠著四個人一起生活，對此，草間也留下「建築物本身的老舊與內部的汙穢實在難以名狀」，或是「眼前破爛的大雜院很難讓人聯想是人類的住家」這類敘述。這裡看不見當時理應普及的電燈，居民只能點油燈度日。沒有寢具的居民約有三成，且大部分的兒童都無法正常接受教育。

更悲慘的是連棲身之地都沒有的遊民，草間曾描述道：「讓我更震驚的是，居然有人睡在大型垃圾堆裡面，那景象真令人慘不忍睹，這應該是因為垃圾堆裡的垃圾會自然發酵生熱（省略），為了在嚴冬時分禦寒，遊民哪管得了垃圾堆是臭還是髒」（《遊民與賣春婦研究》〔浮浪者と売笑婦の研究〕）。

德川幕府瓦解後，江戶因人口銳減，一時間形同廢墟。窮人紛紛闖入空宅，貧民窟於焉形成。除了被稱為「三大貧民窟」的下谷萬年町、四谷鮫橋、芝新網町，評論家紀田順一郎在其著作《東京下層社會》（東京の下層社会）更提到：「若連小規模貧民窟都列入計算，其數恐達七十餘所。從下町[4]到山手，貧民窟無處不見。」鮫橋的貧民窟更出現了下列的景象：

「幾近傾頹的家屋硬是由木條撐著，屋簷已然老朽，屋頂布滿青苔，門前的遮雨棚也已殘破不堪，由此處進出的人們，無不擔心土塊掉落衣襟。」（《國民新聞》記者松原岩五郎，《最暗黑之東京》）。

松原另以「淤水橫肆，腐鼠日曝」（汙水溢至道路，死老鼠曝曬於陽光下）描述新網町公共衛生有多麼惡劣。大雜院本是人們從農村來江戶討生活之際的臨時住所，並非永久的居處，所以此地的居民也就沒有維護公共衛生的意識（前引《東京下層社會》）。

據說當時的窮人只吃得到附近士官學校廚房丟掉的廚餘，也因此出現了「專收廚餘的業者」沿街叫賣。有些業者會從下水道撈起飯粒，但這些飯粒是不是會當成家畜的飼料賣出可就不得而知。

根據草間的說法，遊民將餐館丟掉的廚餘稱為「DUKE」（ヅケ）或「DAIGARA」（ダイガラ）。大正時期，遊民最多的淺草出現了於固定地點共同乞食的「KENTA」（ケンタ）、沿路強索金錢的「TSUBU」（ツブ）、從弱勢的遊民手中巧取豪奪的「TAKARI」（タカリ）。更為悲慘的是精神異常的「HIROI」（ヒロイ），只能邊走邊撿路上的食物裹腹。

4. 東京的下町地區以現今的淺草、下谷、神田、日本橋、京橋、本所、深川為主，屬於地勢低平的地區，相對於高地住宅區的山手。

其中也有故意換上一身襤褸、為博同情從貧民窟到鬧區「上班」的遊民。居無定所的遊民分成住在木賃宿[5]的「DOYA」（ドヤ）、當土木工人的「部屋者」（部屋もの）、把郊區森林小屋當成家的「SABURI」（さぶり）、於公園或橋下露宿的「OKAN」（おかん）。當警察展開「遊民取締行動」時，遊民就會互相通知「YABAIYABU」（ヤバイヤブ）來了，YABAI（ヤバい）指的是「壞心的」、YABU（ヤブ）則是代指「警察」的暗號。

在貧民的生活之中，最為黑暗悲慘的事件莫過於「殺養子」。在明治到昭和戰後這段時期，因為貪圖養育費而領養「另有隱情」的嬰兒，再殺掉嬰兒的事件接二連三發生。貧民幾乎都失學，他們的小孩也無法上學，只能以撿回收、撿破爛、乞討為生，沒有戶籍的也大有人在。

為了救濟貧困兒童，下谷萬年町於一九〇三年（明治三十六年）設立了學雜費全免、發給學用品的「特殊小學」，之後一直到昭和初期，各處貧民窟也紛紛設立了特殊小學，但是會讓自己的小孩入學的遊民非常少，因為他們沒辦法讓小孩帶便當，也沒有讓小孩上學穿的衣服。據說當時其他地區的小孩都戲稱這種小學是「窮人學校」，這些小孩長大成人後，也會因為是從特殊小學畢業而遭到歧視。

挑戰「賣春立國」的廢娼運動

據說大正初期的東京貧困人口約有三十萬人。進入明治時期後，絲毫不見任何社會福利政策的原因是擔心給予救濟，弱者將更不思振作，即使到了現代，這種想法依舊存在。

對社會底層伸出援手的主要團體為基督教團體，其中特別值得介紹的是「救世軍」。救世軍（Salvation Army）是一八六五年英國衛理教會牧師卜威廉所創，以軍隊形式作為架構，從事社會服務與傳道的宗教組織。

一八九五年（明治二十八年）九月傳入日本後，便由享有「教世軍的山室，還是山室的救世軍」美譽的山室軍平大幅擴張。救世軍打響名號的一役就是「廢娼運動」。

直到近世之前，遊廓的娼婦形同「性奴隸」，擔心因此被各國以「人口買賣」為由抨擊的明治政府，於一八七二年（明治五年）頒布娼妓解放令，遊廓成為「貸座敷」，專門租借房間給娼婦使用，表面上娼婦可以在此憑「自由意志」營業。

不過出身貧困農家而被迫賣身的女性都礙於先前欠下的債務而無法恢復自由之身，若

5. 江戶時代最低廉的旅館，通常是通鋪的形式，必須自行準備寢具與食材。

是執意廢業（不再賣春），就會遭到遊廓業者暴力以待，當時的警察也與遊廓業者勾串，對此情況常置若罔聞。

自由民權運動鬥士中江兆民與大正民主運動推手吉野作造這些開明的知識分子，也反對廢止公娼制度，對他們來說，娼婦的人權不在考慮範圍之內。從大正末期至昭和初期為止，光是於遊廓登記在案的公娼就約五萬人，若連私娼一併計算，其數據稱達十五萬人，在十五至三十五歲的女性之中，每七十六人就有一人從事賣春（《東京的下層社會》）。

一九一四年（大正三年）九月二日，「洲崎遊廓」（現在的東京都江東區東陽一丁目）有兩位娼婦向救世軍提出自由廢業的申請，於是伊藤富士雄上尉隻身潛入洲崎，但遊廓業者這邊卻召集了二百名街頭無賴守株待兔，結果為了提出廢業申請文件前往洲崎警察署的娼婦與伊藤上尉被五十人左右襲擊。

「被隔開的三人奮力抵抗後不支倒地，但仍被對方以木屐揮打、踩踏，遭受種種暴行」（廓清會誌《廓清》）。伊藤大尉遭受一個月才能康復的重傷，二位娼婦全身也遭受二週才能完全康復的挫傷。

不過這兩位娼婦在隔天成功廢業。報紙大肆報導伊藤上尉拼死拯救娼婦的英勇事蹟，被困在全國遊廓的娼婦也因此被鼓舞。

現代救世軍本營傳道事業部部長樋口和光提到「救世軍仍保護遭受家暴的被害女性，現代的日本民主主義、男女平權是爭取的成果，不是從心底認同的結果，所以男女平權的概念仍然薄弱」。

一九一一年（明治四十四年）吉原遭受祝融之災，隔年，大阪的難波新地與遊廓也遭受大火，反對遊廓重建與廢娼運動也藉機發展為全國性運動，但即使如此，吉原仍然重建，大阪也於天王寺附近新設飛田遊廓作為替代。

廢娼運動之所以受挫，全因日本主張「賣春立國」，而且還是「輸出國」。據一九一三年（大正二年）的統計，被賣至國外的娼婦（唐行小姐）人數達二萬二千三百六十二人，約佔海外定居日本人的七點五百分比，賣身地包含歐洲、南北美、西伯利亞、中國、東南亞與世界各地（竹村民郎《廢娼運動》〔廃娼運動〕）。

一九二三年（大正十二年）九月一日的關東大地震將吉原燒成人間煉獄，約有一千名娼婦於此時喪命。參加十月一日追悼會的女姓解放運動家久布白落實控訴「東京有幾十、幾百萬位女性。為了守護這些女性的貞操，已有六千名女性犧牲」。

只可惜在女性沒有參政權的時代，廢娼運動無法完全達到目的，有些女性也因「一旦廢除公娼制度，良家婦女將被玷汙」這類理由反對廢娼。

在一九五八年（昭和三十三年）四月一日，賣春防止法完全實施之後，娼婦才真的得以「解放」。根據多數的歷史資料或證詞指出，身陷水深火熱的娼婦幾乎沒有人是自願在遊廓賣春的。

軼事

女工、娼婦遭受殘無人道的對待

日本近代比娼婦境遇更加悲慘的就是紡織工廠的「女工」。每日工時高達十一個小時以上之外，一旦進入繁忙時期，還被迫通宵達旦加班十八個小時。據說她們必須在機械前面站上一整夜，連抽空去廁所的時間都沒有。

惡劣的居住環境與不像樣的飲食讓許多女工相繼生病，縱使因工失明，部分雇主也不願請醫生診治，若無法達成工作目標，這些女工就會遭受殘忍的處罰，例如得在衆人面前脫得一絲不掛或是被施暴。有些工廠也會以「社內借貸」的方式栓住女工，迫使她們如娼婦般被債款困住。

關東大地震的人間煉獄

流言讓市民陡變凶徒

一九二三年（大正十二年）九月一日上午十一點五十八分發生芮氏規模七點九，震源位於相模灣海面的關東大地震，死者與失蹤者總計達前所未有的十萬人之譜，其中也包含因流言而被無端殺害朝鮮人、中國人以及社會主義者。治安當局擔心全面暴動又過度反應之下，自警團[6]與軍隊做出脫離常軌的判斷。在充滿碎瓦礫與燒成一片荒原的街道上，人心也被燒成一片片「焦土」。

自警團砌詞脫罪，軍部也加入虐殺之列

「喂，你這傢伙，說說看十五元五十錢這句話！」

6. 自警團：由人民組成的自發性警備團體，會在火災或水災這類緊急情況下出動。

守在災區各個角落的自警團殺氣騰騰地叫住路人後，要求路人試說這句話。這是分辨朝鮮人的方法，因為朝鮮人不擅長發出濁音，有時會換成「ZAZIZUZEZO」（ザジズゼゾ）或「GAGIGUGEGO」（ガギグゲゴ）這類發音。在當時，這簡直就是「惡魔的拷問」，一旦被認定是朝鮮人，不是被痛毆一頓，就是當場被殺死。

自警團是由相信「朝鮮人與社會主義者會引起暴動」、「朝鮮人會行放火、強劫、強姦、殺人之惡事，還會在水井下毒」這類流言的一般市民所組成，在東京約有一千五百九三個自警團，若連關東各縣計算在內，其數多達三千六百八十九個（山田昭次《關東大地震之際的朝鮮人虐殺行為》〔関東大震災時の朝鮮人虐殺〕）。

直至九月三十日之前，警視廳從自警團沒收的武器包含狼牙棒六百九十二支、日本刀三百九十把、手杖刀九十一把、匕首七十一支、獵槍十九把、手槍十八把，總計達一千九百四十七之數，但這也只是自警團冰山一角的武器（吉村昭《關東大地震》〔関東大震災〕）。

自警團以自衛為由砌詞脫罪，不斷搜捕町內的朝鮮人，化身為施暴或殺害朝鮮人的凶暴之徒，就連警官或軍人也因「都是朝鮮人假扮」的流言而被自警團襲擊。事後經過警察的全面調查證實，與朝鮮人有關的流言全是空穴來風。「這只能說是大部分的人因這場大災害而變得精神異常的結果」（前引）。

經過政府、軍隊與警察的粉飾，沒人知道究竟有多少朝鮮人被殺害，一說認為至少有二千六百人左右，也有說法認為超過六千人。據傳中國人也有七百人以上被殺害。當時的慘狀已難以言語形容。

當時為第一高等學校學生，如今為法文學者的田邊貞之助提到「約二百五十具形同全裸的屍體被丟在四、五百坪的空地裡」（《潮》一九七一年九月號）。許多遺體身上都有利刃劃出的大傷口，田邊回憶地說「眼前所見一切，皆是不忍卒睹的景象。（省略）那是何等殘酷的事啊，我再沒有比當時更以生為日本人而感到羞愧過」。

銀行員暨俳人的染川藍泉一開始雖然不相信流言，但在上野公園目擊被認定是朝鮮人的男人被一群人圍毆的景象後，想法就產生改變。「一想到這些傢伙會丟炸彈或是在水井下毒，怒氣就直衝腦門。（省略）我也跑過去，想用手中的粗棍讓那些傢伙正面吃上一記重擊」（自《震災日誌》、加藤直樹《九月，在東京的路上》〔九月、東京の路上で〕節錄）。

流經墨田區與葛飾區之間的荒川上方，在當時有座四木橋（目前已拆除），這裡曾有人目擊軍隊虐殺朝鮮人。

「在四木橋下游的墨田區河畔，軍隊以機關槍掃射以十人為一排，雙手被綁著的朝鮮人。若有人還留著一口氣，就全部排在小火車的軌道上，澆上石油再燒死。接著在橋底下挖出三個大洞，將屍體全部埋進去再掩土覆蓋」（自淺岡重藏、追悼會編《風啊，捎來鳳仙花之歌吧》〔風よ　鳳仙花の歌をはこべ〕節錄）。

江東區的龜戶地區曾發生習志野騎兵十三連隊殺害於警察署拘留中的社會主義者，史稱「龜戶事件」。當時這裡可說是狀況最為惡劣的地區。其中一位士兵如下描述當時的景況。

「將校拔出佩劍，仔細搜查列車內外。（省略）所有朝鮮人都被拖下列車，並在白刃與刺刀之下一一倒地。此時前往避難之地的日本人也高喊萬歲，其歡呼聲猶如暴風雨來襲──國賊！快殺光所有朝鮮人！」（自越中谷利一〈關東大地震的回憶〉《關東大地震與虐殺朝鮮人》〔関東大震災の思い出；関東大震災と朝鮮人虐殺〕節錄）。

連日本人也受到如此喪心病狂之舉波及。九月六日，來自香川縣的藥行商人一行十五人在千葉縣福田村（現稱野田市）被白警團誤認為朝鮮人，包含幼兒與女性共九人被慘忍殺害。政府的報告指出，因為被誤認為朝鮮人而遭到殺害的日本人約有五十七名。

創立俳優座的俳優表演者千田是也（本名伊藤圀夫）曾在學生時代被自警團誤認為朝鮮人，日後便以當時的恐懼取了這個藝名，這個藝名的意思是「千駄谷的韓國人」。

對其他民族的敵意、害怕與反感被挑起

當時東京的報社幾乎全遭到地震毀滅，也還沒有廣播，群眾因為缺乏資訊而越來越不安，陷入誤信流言的心理狀態。當時四處流傳著「富士山將爆發」、「大本教的信徒掀起暴動」、「首都將遷至京都或大阪」的謠言。

就目前定論而言，朝鮮人將暴動的流言是於九月一日晚上七點，從橫濱市本牧町傳出。流言之所以發展成大規模暴動，源自橫濱右翼團隊立憲勞動黨山口正憲等人帶頭的集團搶劫事件。

山口等人以「援助災民，需要募集物資」為名行掠奪之實，卻被誤認為「朝鮮人強盜集團」，這個錯誤的訊息在九月二日下午傳遍東京市全境。只是在本牧町傳出謠言之前，東京警視廳轄內的幾處警察署就已在確認與朝鮮人有關的流言，足見當時有可能到處流傳著與朝鮮人有關的謠言。正是如此的時空背景。

一九一八年（大正七年）爆發震撼全日本的白米暴動。隔年一九一九年（大正八年）三月一日，朝鮮爆發全民性的「三一獨立運動」，五月四日，中國也爆發抗日、反帝國主義的「五四運動」。震災前一年的一九二二年（大正十一年）七月，日本共產黨創黨。

日本的報紙以「不逞鮮人」（可恥的朝鮮人）、「陰謀」形容日益高漲的朝鮮獨立運動，不斷煽動日本國民內心的恐懼與憎恨。日韓合併後，有些朝鮮的小作農民因土地政策被搶走土地，不得不偷渡日本打工。據說震災當時，日本至少有八萬名以上的朝鮮人。

於震災發生之際擔任治安最高層級負責人的內相水野錬太郎與警視總監赤池濃，曾在三一運動的時候分別擔任朝鮮總督府政務總監與警務局長。當時首都的警察系統因震災而癱瘓，水野與赤池擔心社會主義者藉機暴動與「革命」，於是在水野等人的建議下，日本在九月二日發布戒嚴，政府、軍隊、警察也將朝鮮人準備暴動的流言當成「事實」處理。

日本國民心中對統治殖民地的罪惡感，以及報紙形塑的「可怕的朝鮮人」，都讓日本國民害怕被報復，國家的過度反應也令民眾的恐懼增幅，也為襲擊朝鮮人的「借口」掛了「保證」。

災民從關東各災區逃出後，流言也隨著災民的轉述瞬間流竄各地，埼玉縣的熊谷、本庄、群馬縣的藤岡都發生慘無人道的虐殺事件，參與虐殺的人也於日後做出「頒布戒嚴令之後，以為抓到朝鮮人能獲得勳章」、「為了保衛國家，多殺一人是一人」的證詞。

目前追悼朝鮮人的慰靈碑在關東各都縣共有二十二座，但在震災五十周年的一九七三年（昭和四十八年）之前，迫害最為嚴重的東京都沒有任何一座慰靈碑，直到最後才在墨田區橫網町公園（另設震災慰靈堂與復興紀念館）建立追悼碑。二〇〇九年（平成二十一年）於四木橋舊址的荒川河河畔建立了第二座追悼碑，不論何時，都有人在這兩座追悼碑獻花。

負責管理橫網町公園設施的東京都慰靈協會常務理事住吉泰男提到「每年九月一日都會於慰靈堂舉辦法會，相關人士也會在追悼碑前面舉辦慰靈儀式。約有五萬八千名死者的遺骨於慰靈堂安放，在查得到名字的三千位之中，約有五十名是朝鮮人。慰靈法會與國家或宗教無關，只是為了於震災之際犧牲的所有人舉辦，也避免這段悲慘的歷史被遺忘」。

對於一般市民參與虐殺行動的原因與事實，兩位研究者寫下下列的形容。

「對於煽動對其他民族的仇恨或反感的資訊，我們都必須十二萬分警戒」（倉持和雄〈關東大地震與朝鮮人虐殺〉）。

「未將事實看待為事實的人沒有任何榮耀可言。否定過去，將正視過去的行為視為自虐，代表沒有自信的人對現在的自己、國家或民族抱持著輕蔑的態度。而這份輕蔑必讓後代子孫的肩膀擔負更沉重的責任」（山岸秀《關東大地震與朝鮮人虐殺》）。

軼事

對「值得讚揚的日本人」的排斥感

當時雖然有許多日本人殺紅了眼，卻也有日本人賭上性命包庇朝鮮人，最為有名的是橫濱鶴見警察署署長大川常吉。當將近一千名群眾包圍警察署，大喊「交出朝鮮人」的時候，大川署長挺身而出，站在衆人面前大喊「要殺朝鮮人之前，先殺掉站在這裡的大川」，這段英勇事蹟也流傳至現代。

不過，其中也有擔心被批評的政府刻意表彰「美談」的一面。「雖然他們在許多日本人（省略）手上染有朝鮮人的鮮血時拒絕成為共犯，但後世的日本人將這類人物尊為『值得讚揚的日本人』，果然還是有些奇怪吧？」（加藤直樹《九月．在東京的路上》）。

昭和篇

引爆日中衝突的導火線
敵意、憎恨主導輿論的風向

從一九三一年（昭和六年）的滿洲事變至一九三七年的中日戰爭，以及在一九四五年的太平洋戰爭戰敗之前，這段時間統稱為「十五年戰爭」。如此漫長的戰爭其實事出有因。戰爭爆發之前，屢次的重大事件、外交衝突與仇恨言論都讓中日兩國的國民交惡，引爆戰爭的怒火也如岩漿層層堆累。

五三慘案致使中國全土掀起反日運動

一九二八年（昭和三年）五月三日，中國山東省的濟南發生了「濟南事件」，這是中國國民革命軍與日本軍之間首起武力衝突事件。

當時對外代表中國的政府位於北京，是由軍閥組成的政權，由孫文創設的國民黨則在廣東另立國民政府。一九二六年，統一中國的首次北伐展開，前述的濟南事件便是在蔣介石擔任總司令，企圖奪回北京的第二次北伐途中爆發。

山東地區除了濟南的二千人之外，約有二萬名以上的日本人居住，當地的日本企業也接近一百間，所以山東地區可說是日本進軍中國的重要據點。

第一次北伐之際，南京的日本與各國總領事館都被國民革命軍襲擊，在地日本人的生命、財產均受到威脅。田中義一內閣為了保護中國境內的日本人，於一九二八年四月十九日做出派遣五千名兵力前往濟南地區的內閣決議（第二次出兵山東）。同月二十六日，先鋒部隊抵達濟南。

不希望北伐因此受阻的蔣介石不願與日軍產生衝突，日方也不希望因為在非租界的濟南展開軍事行動受到國際撻伐，所以採取只徹底保護在地日本人的方針。

但是在進入五月後，十二名日本人被殺害的屍體被尋獲，日軍之間「國民革命軍必須嚴懲」的情緒也逐漸高張。

最初「二百二十名在地日本人於濟南被慘忍殺害」（五月五日《中外商業新報》，《日本經濟新聞》〔日本経済新聞〕的前身）這類過度放大日方損害的報導也令輿論沸騰。

國民革命軍掠奪日本人的商店後，兩軍也正式對壘。同月九日，日軍對濟南城發動總攻擊，根據中方的發表，中國的士兵與人民約有三千二百人死亡，日軍則有十一人戰死。

中國陣營以許多民眾無辜慘死以及與日本交涉的外交團一行十六人被殺害為由，於國際社會對日本提出控訴，也於全國各地舉辦追悼大會，中國全境紛紛響應抵制日貨運動。後續中國陣營將這件慘案定義為「五三國恥」，也將五月三日訂為抗日紀念日。

蔣介石在次年的國恥日針對日軍殺害外交使團發表「日軍先割掉我們外交官的舌頭，再削去耳朵與鼻子，最後才處決他們」這場煽動仇日情緒的演說。

這可不是首樁因日本迫害中國而產生的「國恥」，例如一九一五年（大正四年）第一次世界大戰之際，袁世凱被迫於五月九日吞下日本提出的二十一要求（其中包含德國在山東省的權益由日本繼承），這天也被訂為「國恥紀念日」。

五月九日，五月九日，勿忘國恥！
受廿一條件恫嚇，被迫承認。
不平等至極，奪吾自由。
眞是可恥，勿喪國權。
同胞們，奮起作戰吧。

當時各地出現這類國恥歌。長期以來，中國對於被西歐列強「殖民」一事感到屈辱，也逐漸蘊釀成排外情緒，最後一口氣因排日事件爆發，讓反日情緒更為高漲的事件則在滿洲事變的二個半月之前爆發。

一九三〇年（昭和五年）左右，與朝鮮國境相鄰之處的間島地區（又稱延邊）約有四十萬至一百萬名朝鮮人居住，其中大部分是從朝鮮逃亡而來的農民，這裡也成為反日、獨立運動的基地。

中國陣營將這些農民視為日本侵略中國的爪牙。次年一九三一年（昭和六年）四至五月，受中日雙方鎮壓的朝鮮農民約二千人進入位於長春西北方的萬寶山地區開墾。朝鮮人為了新設的農業水路與中國農民產生摩擦。七月二日，打著保護邦人（朝鮮人）旗號的日本領事館警官與中國警察互相開火，史稱萬寶山事件。

原本只是區區幾名中國農民受傷的事件，但《朝鮮日報》卻報導成「八百名中國人襲擊朝鮮人，造成二百名朝鮮人傷亡」，致使朝鮮各地不斷傳出中國人與其商店被襲擊的消息，尤其平壤的排華暴動更是瘋狂，直至七月九日之前，約有超過一百名以上的中國人被殺害。

中國方面的報導指稱「在背後唆使朝鮮人的是日本人」，遂演變成大規模的排斥日貨運動，日本方面強烈抗議，雙方國民的敵意與憎惡也達沸點。

日本軍方利用中村大尉慘遭殺害一事

當中日雙方的國民陷入劍拔弩張、一觸即發的情緒，發生了引爆滿洲事變的事件，那就是讓日本國民反中情緒達到臨界點的「中村大尉殺害事件」。

一九三一年（昭和六年）六月，參謀本部部員兼陸軍步兵大尉中村震太郎一行四人於滿洲興安嶺進行調查與偵察活動，張學良麾下的興安屯墾隊正於此地駐紮。在中日交惡時期，此地無疑是日本人不該潛入的危險場所，所以中村大尉一行人宣稱自己是來此地旅行的民間人士。

同月月底，中村大尉一行人正於餐廳用餐時，突然被興安屯墾隊的士兵逮捕。大尉一行人雖然秀出中國發給的護照，卻被發現是日軍相關人士，全體都被當成間諜處決。

日本方面根據調查結果斷定中村大尉等人是被中國士兵殺害後，便於八月十七日發表事件的梗概，「支那軍的暴行．誓要徹底糾舉凶手」、「日本旅客全員被虐殺，支那軍殘暴的命令」（同年八月十八日《中外商業新報》）這類標題躍上報紙版面。

中村大尉享年三十五歲。遺照與夫人、小孩的照片一併登上報紙版面後，輿論也更為激昂。中國方面一開始聲稱「此事件根本是空穴來風，純粹是日方捏造虛構」，但後來又改口承認，此舉無疑是火上加油。

「這些年來，支那始終維持令人不悅的態度，使得我國國民群情激憤，尤其我軍的憤怒已達顛峰。為此不得不展現解決滿蒙相關懸案，樹立永遠的和平之決心」（《國史美談　現代史・卷二》〔国史美談　現代史　卷二〕一九三八年）。

在擬訂滿蒙佔領計畫關東軍參謀石原莞爾等人眼中，中村大尉事件是藉題發揮的「絕佳藉口」。一九三一年九月十八日，公開發表事件之後的區區一個月，關東軍便暗地執行奉天南滿洲鐵路爆破行動。此事件為柳條湖事件，後續演變成滿洲事變。

報紙這類媒體或輿論全面支持關東軍，軍方也為了合理化滿洲事變，刻意高舉中村大尉為英雄，作為師出有名的大纛。

九月二十日，東京日比谷公會堂舉辦的慰靈祭共有一萬二千名後備軍人參加，同月二十七日在靖國神社前廣場舉辦了陸軍葬，十月九日又於新潟縣中之島村（現稱長岡市）舉辦了盛大的村葬。一九三七年（昭和十二年）六月，在滿洲龍江省樹立刻有「殉難烈士之碑」的慰靈碑。

經營「中村震太郎紀念館」（位於長岡市中之島中條、二〇一二年六月開館）的中村大尉顯彰會小黑憲雄先生提到「這是輿論倒向支持戰爭的重大事件。戰爭時期，中村大尉的地位有如神明，出征前的士兵似乎都會來中村大尉的墓前祈求保佑」。

鄉土歷史學家高橋智文提到「當時有不少戲劇、電影、書籍以此事件為題，也有人編成歌，從老到少都會唱。也收到來自全國各地無數的鼓勵信，足見當時國民多麼狂熱」。

爆發事變的次年一九三二年（昭和七年）三月，滿洲國成立，中日兩國國民的感情已惡化至無可救藥的地步。不知滿洲事變是關東軍一手企劃的日本國民痛恨中國的「殘暴」以及排日運動，中國方面也在學校實施反日教育，告訴學生「日本人生來就是好侵略的民族」、「琉球、台灣明明是我們的領地，卻被日本以恫嚇、詐欺的方式巧取豪奪」。

一九三七年七月七日，盧溝橋事件爆發，中日展開全面戰爭。

「大多數的國民對於滿洲事變之後，中國的政策如何轉變一無所知，也不知道戰爭初期，指導階層的內部產生擴張派與非擴張派的對立，國民唯一知道的是擴張主義與鷹派論，長年以來，輕視中國的民族心態越積越深，擴張主義與鷹派論也因此而變得更為強烈，輕而易舉地昇華為暴支膺懲（懲罰殘暴的支那）的輿論」（秦郁彥《日中戰爭史》〔日中戰爭史〕）。

軼事

呼籲和平和解的聲音

在國民高喊「中國絕不可饒恕」的時期，也有呼籲和解的意見。石橋湛山在滿洲事變之後，立刻於《東洋經濟新報》（東洋経済新報）的社論發表「若因一時衝動而與支那全體國民為敵，等於與世界列國為敵，我國在這場交易又有何利益可言呢？」

在美國排日情緒高張之際，記者清澤洌也於《現代日本論》（一九三五年）介紹肯為日本辯護的人們，展現了解他國立場的度量，而且也敲響「國家主義者的特徵就是以國民的偏見與情緒為訴求」的警鐘。

軍國女性的「死別」戰地男兒肩上的重擔

性別研究（社會性、文化性的性別差異研究）指出「男人好戰，女人不喜爭奪好和平」，但是當國家陷入戰爭熱，男女之間的性別差異便顯得毫無意義。昭和戰時「鼓勵」參與軍國活動，導致有些女性將士兵逼入絕境。

過度誇飾的「佳話」成為教科書或電影

一九三一年（昭和六年）九月十八日滿洲事變爆發後的三個月，十二月十二日下午四點，中尉井上清一回到大阪市住吉區（當時）的自家後，發現玄關貼著寫有「井上終日待在連隊，有公事請前往連隊」的告示。

當時的井上中尉為虛歲二十九歲，妻子千代子為二十一歲，兩人是新婚夫婦。預定於隔天十三日出征的井上中尉為了與家人度過最後一夜而特地回家。見到門上的紙條，覺得事有蹊蹺的中尉立刻衝進家裡，卻發現倒臥在血泊之中的千代子。身著喪服的千代子以短刀割喉自殺。房間裡有天皇、皇后的照片，桌上則有寫給丈夫、婆家與娘家的三封遺書。廚房則備有慶祝出征的紅豆飯與鯛魚。

給丈夫的遺書留有下列的幾句話：

「致我的丈夫——我的內心充滿了欣喜。（省略）我為明天你的出征而喜悅，故先行辭世。您不用擔心後續的事情。（省略）請為國奮死打拼。」

這是寫給準備上戰場的丈夫的「死別」。雖說當時是軍國主義盛行的時代，仍無法理解千代子為何自戕，或許是希望透過自戕逼迫丈夫以死報國吧。

但是報紙卻順著陸軍的宣傳，將這件事放大成「佳話」。「渡滿的井上中尉夫人身著紋服[1]，端然自刃」、「武人之妻慷慨赴義」這類標題登上報紙版面，也刊出井上中尉「給我好好褒獎她吧」的評論。

十二月十六日於大阪阿倍野舉辦了盛大的葬禮，參與的軍方人數約一千人，一般民眾則達數萬之譜。除了千代子的老家泉南郡長瀧村（現稱泉佐野市）舉辦了追悼會，附近的

1. 紋服：繡有家紋的正式和服。

清福寺境內也樹立了刻有「殉國烈婦．井上千代子夫人之碑」的顯彰碑。

千代子的「佳話」除了被當成一般小學教科書的教材，也被拍成戲劇與寫成書籍，甚至出現了片名是《死之餞別》（死の餞別）或《啊，井上中尉夫人》（ああ井上中尉夫人）的電影。

千代子的娘家是生活富裕的地主，目前仍於當地定居，千代子外甥，現年六十八歲的永井加洋提到「千代子是七姐弟的長女，聽說是很懂得照顧弟妹的模範生，父親的管教也十分嚴格」。

永井家至今仍保存千代子寫給雙親的遺書，但內容是潦草的鉛筆字，看不出早有自殺的覺悟。或許這一切不過是純情、死腦筋又不知世事的年輕妻子基於一時衝動而選擇死亡吧。

據說千代子的母校岸和田高等女學校（現稱和泉高校）尊千代子為「日本婦人的模範」，特地在講堂高掛千代子的遺像，接受學弟、妹每日行禮。不過教育現場也感到不解之處。《和泉高校百年誌》刊載了當時的岡村英敏校長對學生的訓話。岡村校長雖然讚揚千代子為「昭和聖代的烈婦」，卻也認為剛於前一年畢業的千代子涉世未深，自戕不是「循序漸進的修養所導致的結果」。

「夫君之生死與夫人之死是毫無關聯的問題，我由衷期盼千代子不是為了逼其夫君為國犧牲而自殺。」

若真以千代子為模範，每位軍人的妻子都得自戕，而這些被妻子以死相逼的丈夫豈不是得抱著「非建功不可」的心情，在戰場以身犯險，至死方休不可嗎？雖然日後的玉碎部隊與神風特攻隊都因從容赴義而得到讚美，但岡村校長那苦澀的訓話也提醒我們，這種「讚美死亡」的行為有多麼危險。

《百年誌》提到「時代充滿了戰爭帶來的不安，出現了『國民思想動搖』的俘虜，有必要透過一段段的佳話施行『精神教育』」。

井上中尉在隸屬的部隊回國後仍留在滿洲。據說日軍於遼寧省進行游擊掃蕩戰之際，他曾直接指揮虐殺中國人民的「平頂山事件」（一九三二年（昭和七年）），不過這項傳聞並未得到證實。

妻子的「佳話」是驅策丈夫建功立業的原動力，那麼這真是令人不寒而慄的餞別。

著烹飪服的一千萬人國防組織

井上千代子的自戕未止於一段「佳話」。之前視「照顧大後方」為本務，長期被鎖在家中的女性有機會因這次自戕走進社會。

滿洲事變之際，大阪築港的天保山棧橋（第三碼頭）是軍人坐船前往滿洲作戰的一大出征地，市岡當地有些年長的女性會在此拿著大茶壺招待士兵或是搖著旗子歡送士兵，不知從何時開始，這些女性被稱為「兵隊大嬸」。

這些女性之中，有位稱為安田 sei（せい）的女性。這位安田是井上夫妻的媒人，她很感激千代子自戕，也想「為國盡忠」，於是在一九三二年三月十八日組織「大阪國防婦人會」，軍方與大眾媒體為了讓這件事與千代子的佳話串連，決定讓這個婦人會延後成立。

這些女性身上的白色烹飪服與值星帶成為婦人會的註冊商標。婦人會除了參加出征歡送會，也製作慰問袋，或是於街頭勸募國防基金，也會號召千人針[2]的製作，在陸軍醫院洗濯繃帶與迎接戰死者遺骸，從事各種義工活動。

這項於大阪發端的活動瞬間擴散，大阪國防婦人會也於同年十月擴大成「大日本國防婦人會」的全國性組織，最終會員數超過一千萬人以上。

許多女性都樂於參加「國婦」（國防婦人會）。某位女性曾說「原本只是『籠中鳥』的媳婦總算能代表婆婆或是在白天出門，所以非常樂於參加」（糊谷美規子《生於戰爭的女性・證言・國防婦人會》〔戦争を生きた女たち　証言・国防婦人会〕）。

婦女運動家的市川房枝雖未對國防婦人會產生共鳴，卻在自傳寫下「過去未有個人時間的農村婦人光是得到半天聽演講的自由時間，就覺得是一種解放了」。

對於每天穿著舊衣服從事農活的農村婦女而言，國婦的烹飪服就像是「都會貴婦人」穿在身上的流行（加納實紀代《女性的「槍後」》〔女たちの「銃後」〕）。

不過，不是所有女性都樂於參加國防婦人會，但是當「不參加很可恥」的氣氛擴散，這些不參加的女性就會被視為「非國民、國賊」，所以實質上是強迫入會。

數年後，這些婦人會的女性便於街頭高呼「慎穿華麗的服飾」、「勿燙髮」，自居軍國化、國家總動員的「尖兵」，執行「取締奢侈」的任務。

當時也有反對女性參與戰爭、鼓吹戰爭的聲浪。「預防戰爭與未然是婦人的任務也是責任。（省略）國防婦人會是讓婦人忘卻原始使命的愚行」（一九三四年十二月《婦女新聞》社論）。

被白色烹飪服與日本國旗送上戰場的前士兵回憶「真是殘忍啊，女人。居然能頂著一張充滿溫柔的臉孔致男兒於死地……」（前引《女性的「槍後」》）。

2.千人針：多位女性在同一塊布縫上一個結，讓士兵圍在肚子上，祈求士兵能在戰場受庇祐。

當戰事擴大成中日戰爭後，戰死者的人數也隨之增加，女性的情緒也變得更加複雜。某位女性提到「每每送士兵上戰場，雖然沒說出口，但內心深處卻覺得是在舉辦『生前葬禮』」（前引《生於戰爭的女性》）。

國婦的活動與「女性守護家庭、支撐身在戰地的丈夫與兒子」這種軍國的家族國家觀相悖。隨著戰爭越來越激烈，「婦人啊，回歸家庭吧」的回歸原點的呼籲也越來越強烈。

隨著太平洋戰爭的腳步聲接近，在和服外層加穿烹飪服的打扮被視為「不適合勞動的服務」，也不適合參加防空演習這類場合，所以女性又改穿燈籠褲。

為了填補戰爭末期勞動力不足的問題，此時的女性組成「女子挺身隊」，再次走出家庭，成為拿竹槍作戰的「戰力」。當時全日本的都市都暴露在空襲的危險之下，沒有一處可稱為「大後方」，意味著過去「敦促」男性上戰場的女性自己也身陷「戰場」。

軼事

競相爭取會員的最後是合併

支援軍國活動的女性組織還有於一九〇一年（明治三十四年）創立的「愛國婦人會」，不過會員只以皇族、華族[3]與上流社會的婦人為主，所以被視為是只為募集會費的「獻金團體」。

當普羅大眾組成的國防婦人會出現，「愛國婦人會」與「國防婦人會」便視彼此為對手，競相爭取會員，愛國婦人會的會員人數也成長至六百萬人。

不過就在一九四〇年（昭和十五年）的大政翼贊會草創，所有團體都被迫整合。兩年後，愛國婦人會與國防婦人會便與另一個團體合併為「大日本婦人會」。

3. 華族：源自江戶時代諸侯的家族。

愛國的武器捐獻運動
思念士兵之心化為戰鬥機

一九三一年（昭和六年）九月十八日滿洲事變爆發之後，擔憂自家士兵的日本國民紛紛寄送慰問袋與鼓勵信至戰地。當時的軍方與大眾媒體不斷煽動輿論，告訴人民現在是「緊急時刻」，這股善意遂發展成募集戰鬥機或戰車這類武器打造資金的捐獻運動，最後也演變成強制徵收募款的局面。

零戰「報國號」的飛行展演

自滿洲事變之後，報社隨即展開慰問金籌募運動，瞬間也演變成全國性的「國防獻金」運動，而這些捐款成為陸軍的學藝技術獎勵金，也納為國防預算之一。

一九三一年十一月，於群馬縣高崎舉行的捐款活動有變。於該地組成的國民國防同盟會捐贈約二千日圓給陸軍省，希望作為製作八十九個鋼盔之用。這是「指定用途捐款」的首例，自此，以戰鬥機為主的武器捐獻運動便如火如荼地展開與擴散。

次年一九三二年（昭和七年）一月十日，陸軍以捐款打造的「愛國一、二號」戰鬥機的命名儀式於東京代代木練兵場舉辦，一開始先由靖國神社宮司舉行消災除厄的儀式，之後再朗讀陸軍大臣荒木貞夫所寫的命名書。場內外共湧進了十萬人左右，命名儀式也透過廣播現場轉播。

為了達成宣傳效果，愛國號進行了遠達仙台的「謝恩飛行」，之後又飛到朝鮮半島的首爾以及滿洲的奉天。愛國一、二號都是由學藝技術獎勵金打造，三號之後的戰鬥機則以指定用途捐款打造。

三號機到五號機都是由東京的股票仲介者小布施新三郎的個人捐款打造。小布施於同年一月底造訪陸軍省徵募課，詢問「要捐款多少才能打造一台飛機」，該課回答「一台戰鬥機至少要七萬日圓左右」之後，據說二月五日早晨，小布施突然帶了十五萬日圓至陸軍省。

小布施總共捐贈了十台戰鬥機所需的七十七萬日圓，也因此被譽為「愛國號獻納王」（橫川裕一《陸軍愛國號獻納機調查報告》〔陸軍愛国号献納機調查報告〕。以下簡稱「橫川報告」）。

一號機與二號機是從德國進口的戰鬥機，但三號機之後，就是日本陸軍首次自造的九一式戰鬥機與八八式輕轟炸機。

最為民眾熟悉首代愛國號九一式戰鬥機總計生產了四百二十架以上，其中佔一成的四十五架都作為愛國號之用，所有的九一式戰鬥機都配屬於關東軍。

大部分的戰鬥機都在戰敗之後銷毀，以致於現存的數量極少，目前只有埼玉縣所澤市的所澤航空發祥紀念館仍保存與展示九一式戰鬥機的機身。

該館代理課長學藝員近藤亮指出「九一式戰鬥機雖於滿洲事變後啟用，但大部分未投入實戰，只被陸軍當成宣傳活動所需的愛國號戰鬥機使用」。

除了陸軍之外，海軍也利用捐款打造戰鬥機，也替戰鬥機取了「報國號」這個與陸軍互別苗頭的名稱。著名戰鬥機「零戰」便是以報國號這個名稱，在日本國民面前亮相。

當時是太平洋戰爭迫在眼前的一九四一年（昭和十六年）九月二十日。在東京羽田機場舉辦的獻納機命名儀式結束後，突然有前所未見的戰鬥機現身於後續舉辦的飛行展演。

「相較於看習慣的九六式艦載戰鬥機，報國號那閃爍著銀色光澤的大型槳鼻罩（覆蓋在螺旋槳前方的罩子）、密閉式的駕駛艙防風罩與亮灰色的機身著實是令人耳目一新的設計」（橫井忠俊《追擊報國號海軍機的全貌》〔報国号海軍機の全容を追う〕。以下簡稱「橫井報告」）。

八台報國號零戰編隊展現同時翻滾、垂直上昇、下降的飛行技巧，引觀眾看得目不暇給。先行展演的陸軍九七式愛國號「再也沒有如此遜色的一日」（前引）。

在此之前的報國號戰鬥機與陸軍的愛國號一樣，都是於一九三二年一月開始接受捐款，但命名儀式的最大看點莫過於源田實大尉（日後的航空參謀，戰後擔任自衛隊航空幕僚長與參議院議員）等人的空中雜技表演，於是這個編隊又被暱稱「源田馬戲團」。

捐獻運動透過報紙傳播至全國各地之餘，報社本身也為戰鬥機捐獻。中日戰爭爆發後的一九三七年（昭和十二年）七月開始，直至戰爭結束之前，由朝日報社發起的捐款運動約募集了三千二百萬元，據估計，約向陸軍與海軍捐贈了三百五十架戰鬥機。

這些由不特定多數的日本國民所捐贈的戰鬥機也被冠上愛國大日本號、全國民號、全日本號這類名稱。

各地區互相攀比，演變成強制捐獻的局面

戰鬥機以及其他武器的捐獻運動之所以變得異常熱烈，主要是國民對於士兵身陷滿洲事變戰地的那股擔心，以及在上海事變之際被過度報導的戰鬥機空戰。

再者，就國民的感受而言，滿洲事變是繼日俄戰爭之後的真正戰爭，危機感也因「緊急時期」的宣傳逐漸拉高，捐獻運動也因此越來越熱烈。

一九三七年的中日戰爭與一九四一年的太平洋戰爭爆發後，掀起了一波捐獻熱潮的巨浪，捐獻者甚至認為這樣才算是國民總獻納。

主要的捐獻團體與個人如下：

▼宗教團體：神道教、佛教或基督教會。

▼學校、教育團體：小學、中學、高中、大學、高等專門學校。對駕駛員而言，「女學生號」特別受歡迎。

▼報社：除了朝日新聞的「全日本號」之外，大阪每日新聞、東京日日新聞也捐獻了串起戰地與大後方通訊的「軍事郵便號」。

▼地方社會：包含「北海道號」、「新潟號」這些由都道府縣捐贈的戰鬥機以及「橫濱號」、「東京杉並號」這類市區町村捐贈的戰鬥機。

▼服務業：有京都舞妓捐獻的「祇園號」或「東京藝舞號」。

其他還有企業、醫療團體、婦女團體、海外日僑、中小型商店、藝人皆有一志同捐款。

捐獻的飛機、戰車或其他武器都會漆上「愛國」、「報國」這類字樣，也會寫上捐獻團體或縣市町村的名稱。

於此時流傳的就是「美談」。《滿洲事變國防獻品記念錄》（満州事変国防献品記念録）（陸軍省）刊載了各式各樣的美談。

「小學生捐出賣豆腐與油豆腐的錢。」

宮城縣有八位小學生去村莊挨家挨戶兜售豆腐與油豆腐，賣得的三圓四十錢交由老師捐出。

「雖然失明，卻捐出貼火柴盒包裝賺得的金錢。」

兵庫縣明石市有位失明的女性寄出五日圓與一封信，上面寫著「我每天一想到在天寒地凍的滿洲荒野，為國奮不顧身的軍人，都會不爭氣地落淚。雖然不足掛齒，這區區五日圓卻是在母親的協助下，貼火柴盒包裝賺得的小錢」。

戰地也傳來讚揚捐獻運動的聲音。於中日戰爭的一九四〇年（昭和十五年）刊印的《海軍獻納報國號飛行機．海之荒鷲奮戰錄》（海軍献納報国号飛行機　海の荒鷲奮戦録）就介紹於中國戰線進行空戰的戰鬥機飛行員的心聲：

「獻納機最令人不可思議之處，在於未曾故障，隨時能徹底發揮最高戰力。我想這一定是大後方全體國民的靈魂所庇祐，我們飛行員每次想到這裡，心中都泛起無盡的感謝。」

這些「美談」都另有隱情。「捐獻說來好聽，但縣民號就是強逼縣轄的市町村捐獻而來的戰機，這類事情其實時有所聞」（「橫川報告」）。

以一九三二年（昭和七年）的新潟號二機為例，各市町村被要求達成一定的獻款目標金額，未達標的市町村則會被持續「關心」，次年一九三三年滋賀號的例子則是將捐款奉公袋發給每位縣民，規定每人至少得捐贈十錢。打從一開始，捐獻運動就常有這種強迫捐贈的情況。

太平洋戰爭開戰前後，捐獻運動更是升級為露骨的「徵收」，政府也展開「每月五十錢獻金運動」。

從瓜達爾卡納爾島（Guadalcanal）撤軍，戰局逐漸惡化之後，當時的捐獻運動已變質為「要求『一村捐贈一架戰鬥機』，之所以如此演變，在於『翼贊』這種全國性運動團體要求各縣互相攀比，各縣也因此強迫人民捐款」（「橫川報告」）。

不知道是否是害怕在戰後被起訴為「戰犯」，軍方、各都道府縣與市町皆銷毀了武器捐獻紀錄，所以無法得知捐獻的戰機共有幾架。

據研究學者橫川裕一的說法，愛國號的編號雖然超過七千，但不可能真的製造了這麼多台飛機，應該有部分捐款在戰爭後期被挪用至一般軍費。橫井忠俊的調查推估報國號約有一千七百架至一千八百架。

昭和史鮮少提及武器捐獻運動，這不啻是「戰前戰時日本國民精神文化史上的一大缺憾」（「橫井報告」）。

軼事

一年募得超過現在幣值十億日圓的捐款

捐贈陸軍的武器包含戰鬥機、轟炸機、偵察機、野戰高射炮、輕型戰車、裝甲戰車、步兵炮、機關槍、三八式步槍以及各式各樣的武器。

其餘還包含汽車、摩托車、收發信機、短波無線電對講機、防毒面具、禦寒服、禦寒靴。捐贈給海軍的武器除了戰鬥機，還包含海防艦、內火艇這類艦艇以及高射炮、機槍、探照燈與其他裝備。

滿洲事變兩年後的一九三二年（昭和七年）十一月，昭和天皇於大阪點閱捐贈的武器。直至同年七月底之前，總數募集了超過一千萬日圓以上的捐款（約現在幣值的十億日圓）。

為了國家，「努力繁殖」、「努力生育吧」

增產報國的優生政策

昭和戰時，日本以「為了國家努力生育、努力繁殖吧」的口號為號召，視增加人口為重要的國家政策，但這項政策並非單純獎勵生產，同時也實施了「淨化民族，排除不良基因」的「不準生產」政策，換言之，只要被歸類為殘疾人士就必須絕育，也不準結婚或生產。

「人口為資源」，依國家指示結婚與生產

「人口是最後武器。」

一九四二年（昭和十七年）八月，由國策研究所刊印的《戰爭與人口問題》（戦争と人口問題）就以這句話破題，這本書指出第二次世界大戰初期，法國之所以跪倒在德國腳下，是因為人口政策的失敗導致兵源不足的結果。

一九三一年（昭和六年）的滿洲事變之後，為了遂行長期戰爭，處處聽得見「人力資源」

這句話，因為打仗就會消耗「資源＝兵力」，除了必須有源源不絕的資源，還必須是「優質」的人力資源，身有殘缺、病人、體質虛弱之人無法成為資源。

杜絕「劣質基因」的優生學深深受到社會達爾文主義的影響，二十世紀初期曾於全世界流行，但是將孟德爾遺傳定律套用於人類家譜，實在過於天馬行空，也有意見認為這麼做缺乏科學實證。

一九一七年（大正六年）「大日本優生會」創立，一九三〇年（昭和五年）「日本民族衛生學會」草創，此時「優生絕育論」、「限制生產論」雖然成為顯學，但還未發展成國策。

進一步刺激日本優生政策推動的是一九三三年（昭和八年），納粹德國制定的絕育法。優生政策推行中心的生理學家永井潛於一九三六年（昭和十一年）的學術期刊公開讚揚這項絕育法，並稱「納粹政策實施這項法案雖不足三年，但絕育人數已達十數萬人之多（省略）何其盛哉，令人不禁想大行納粹禮」。

「『劣質者』的人口佔比增加，『優質者』的比例減少，人口的品質就會下滑，就可能招致『民族變質』的問題。這種減少稱為『反向淘汰』，是所有文明的民族都會體驗的根本問題」（松原洋子〈日本──戰後以優生保護法為名的絕育法〉《優生學與人類社會》〔日本──戦後の優生保護法という断種法；優生学と人間社会〕）。

應陸軍「提升國民體力＝訓練強兵」的要求，一九三八年（昭和十三年）一月十一日厚生省成立，厚生省預防局也設立優生課，優生課的職務之一即為「為達成民族衛生此一主要目的，須增加健康的國民，同時減少體質不良的人民，以求提升國民的平均素質」。

緊接著，一九四〇年（昭和十五年）三月，厚生省立案的國民優生法於帝國議會表決與通過，也於次年七月一日實施。該法第一條明載「本法之目的為遏止患有惡質遺傳疾病患者增加，同時增加健全者人數以達提高國民素質目的」。

具有「劣質基因」的人必須接受優生手術，換言之就是必須絕育，而劣質基因包含「遺傳性精神病、遺傳性精神耗弱、明顯劣質的遺傳性病態性格、遺傳性身體疾病、明顯的遺傳性畸形」。

若四等親之內有上述症狀的夫婦被判定小孩也很有可能罹患相同疾病時，即使夫婦不是患者也必須絕育。不過法案在經過審議後，最初規定的強制絕育便遭到凍結。

除了絕育之外，為了遏止逆向淘汰發生，厚生省還另外提倡「優生結婚」，規定當事人或祖先有遺傳性障礙就不準結婚；反之，若被認定為基因優良者，不僅歡迎結婚，國家還會幫忙貸款與給付生產獎勵金。

一九四一年一月二十二日，由內閣會議決定的人口政策確立綱要定出昭和三十五年，總人口數達一億人的目標，為此，女性的結婚年齡必須從平均的二十四歲降至二十一歲，出生數才能增加，「早日結婚，生下五個小孩是當時日本人揹負的義務」（前引《戰爭與人口問題》）。「努力繁殖，努力生育吧」的口號就是於此時出現。

厚生省也創立了優生結婚諮詢所，要求國民在結婚之前，先接受醫師的健康檢查，確認有無遺傳疾病。緊接著「結婚十訓」發表（一九三九年（昭和十四年）），明確指出「選擇沒有不良基因的人結婚」這類結婚建議。「為了國家，努力繁殖、努力生育吧」的口號雖然源自這個結婚十訓，但原文其實是「多生吧，多養育吧」。

漢生病患者於戰後繼續受苦受難

國民優生法規定優生手術的目的為「在不摘除生殖腺的前提下，讓精子終生無法通過輸精管或卵子終生無法通過輸卵管」。

國民優生法實施後，根據厚生省的調查，日本全國約有三十萬人需要接受絕育的手術。厚生省原計國民優生法實施的第一年度，會進行七百五十人次的絕育手術，但在一九四七年（昭和二十二年）此法廢除之前，絕育手術不過實施了五百三十八人次（男性二百一十七人、女性三百二十一人）而已。

這是因為人民不認同這種強制性絕育政策，也認為政府沒有配套措施。國民優生法的基本思維雖是絕育法，卻在執行上卻做得不夠徹底。讓日本免於走上納粹大量絕育之路的是以天皇制為主軸的家族國家主義。

與祭祀祖先、延續後代緊密結合的家族制度與絕子絕孫的絕育政策是水火不容的立場，國家主義者也以「絕育法將破壞家庭制度」、「赤化思想」為由強烈反彈。

精神醫學學者也提出「現代的精神病學與遺傳學並未發展至足以表達贊同或反對絕育的地步」、「害怕留下不良基因而絕育不像是病理學的理論，反而比較像是雜學」這類批判。

一九四一年，太平洋戰爭爆發之後，為緩解人力資源不足的壓力，國家的政策也往「努力繁殖、努力生育吧」這種鼓勵生育的方向傾斜。讓非人道的絕育法站不住腳的是家庭制度與戰爭。

不過，有些人還是被迫接受絕育手術，而且不是基於國民優生法＝絕育法的規範。這些人就是漢生病患者。漢生病是一種傳染病，並非遺傳疾病，因此不受絕育法規範。

一九〇七年（明治四十年）制定的「癩病預防相關事宜」規定漢生病患者必須於收容所集中治療，一九三一年（昭和六年）的「癩病防治法」則進一步推動患者隔離政策。患者在收容所結婚的條件之一，就是必須「自願接受」非法的絕育手術。

戰敗後的一九四七年（昭和二十二年），女性解放運動家加藤靜枝與其他社會黨議員提出優生保護法案，其目的之一為「保護母體的生命與健康」，另一方面又明文記載「預防素質不佳的子孫出生」，可見戰爭雖然結束，視人類為資源的優生學思想卻依舊延續。

這項優生保護法有別於國民優生法，連漢生病患者也一併納為流產、絕育手術的對象，推動優生保護法的人們主張「精神病、癩病若遺傳給子孫，將是人類的不幸」。

「被迫在女護士面前脫光，裸體躺在骯髒的手術台上的屈辱，這輩子永遠忘不了。絕育手術的痛楚就像是頭頂一直被拉扯的感覺」，國立漢生病資料館（東京都東村山市）的營運委員平澤保治如此形容。

八十六歲的平澤先生於十三歲發病，十四歲進入東村山市國立療養所多磨全生園治療，二十三歲之際，與園內小一歲的妻子結婚，但前提是必須接受半強制的絕育手術。「我要幫你把『水管拆掉』了喲」，據說平澤怎麼也忘不掉女護士那輕薄的笑容。

一九四九年（昭和二十四年）至一九九四年（平成六年），基於優生保護法規範，被迫接受絕育手術的漢生病患者約有一萬八千人，其數遠高於二次世界大戰之前的人數。

一九五三年（昭和二十八年）雖然重新制定了「癩病預防法」，但隔離政策依舊不變，一九九六年（平成八年）該法廢除，漫長的隔離政策也總算劃下休止符，因歧視殘障而飽受批評的優生保護法也刪除優生學思想的部分，進一步修訂為母體保護法，並且於同一年實施。

平澤先生提到「比起隔離，漢生病政策的最大錯誤在於想要控制人類的生命，這是攸關人類尊嚴的問題，是最嚴重的人權侵犯，日本這個國家與日本國民絕不容許重蹈覆轍」。

軼事

全世界首次實施絕育法的是美國

全世界絕育法最早普及的國家是美國。一九〇七年，世界首見的絕育法於印第安納州通過，適用對象為精神病患者、智能障礙者與性犯罪者。三十二州通過絕育法，一九三七年之際，已有二萬五千人被迫接受絕育手術。

一九四〇年代之前，除了加拿大與墨西哥之外，丹麥、瑞典、挪威與歐洲各國也都制定了絕育法。德國則是在第二次世界大戰之後廢止絕育法，卻實施了抹殺精神病患者、身障者的「安樂死行動」，有十幾萬人因此被殺害。

一九四〇年，亡國之前的狂舞
「神國」與「德意志」熱潮

一九四〇年（昭和十五年），中日戰爭已陷入第四年的膠著狀態，但是若將初代神武天皇即位視為紀元元年，這一年也是紀元（皇紀）二六〇〇年，因此日本全國上下都為了聖地觀光或各種活動的「節慶消費」而沸沸揚揚，中日戰爭也因此被視為聖戰，國民總動員也找到藉口。同年，日本與在歐洲勢如破竹的納粹德國結盟，就此被捲入第二次世界大戰。此時的日本人尚未察覺瘋狂亂舞的日本正走向名為亡國的斷崖。

紀元二六〇〇年的經濟效應

這一年的元旦就在如神明附身般的亢奮下開始，伊勢神宮、橿原神宮（根據《日本書紀》的記載，神武天皇曾將皇居定於奈良縣畝傍山東麓，於是橿原神宮也於一八九〇年（明治二十三年）於此創建）與各地神社都湧進比往年更多的初詣[4]客。

皇居前方也有許多人齊唱日本國歌。早上九點被訂為「國民恭祝時間」，全國各地也於此時高呼「天皇陛下、萬歲」。根據政府的紀錄，若連同屬地計算在內，該年舉辦的慶祝活動共有一萬三千場，參加人數高達五千萬人。

之前紀元二五五〇年（一八九〇年）的節慶並未像這次舉國歡騰。紀元是於一八七三年（明治六年）的改曆採用，但不像西曆或元號如此普及。紀元二六〇〇年的慶賀是昭和特有的現象，也是一種刻意塑造的氣氛。

在眾多表演者之中，最為盡職的角色莫過於媒體。報紙的發行量因為甲午戰爭（一八九四～九五年）、日俄戰爭（一九〇四～〇五年）激增，後續昭和時期的滿洲事變（一九三一年）與中日戰爭（三七年～）更是將報紙的發行量往上推升。

「戰爭與愛國」是門賺錢的好生意，這是近代報紙得到的體驗。「不管是戰爭，還是紀元二千六百年這個話題，所有的媒體都預期這會是消費國家主義的最佳機會」（Kenneth. J. Ruoff, *Imperial Japan at its Zenith: The Wartime Celebration of the Empire's 2600th Anniversary*）。

儘管日本國內的景氣因戰線拉長的中日戰爭原地踏步，卻也受到戰時經濟的支撐而不致惡化。報紙積極支援的紀念事業之一就是整理皇室史跡的志工活動，其中最受重視的是橿原神宮的整頓。

一九三八年（昭和十三年），大阪朝日新聞與奈良縣共同協力舉辦紀念事業，於全國組建「建國奉仕[5]隊」，「每天至少有二千人從關西地區前往橿原神宮集合，最高峰的時候，甚至達一萬七千人之譜，在一九三九年十一月解散之前，總計共有一百二十一萬四千人參與志工活動」（原武史《「民都」大阪對「帝都」東京》（「民都」大阪対「帝都」東京））。

作家黑岩重吾當時是奈良縣宇陀的中學生，而當時的校長是狂熱的國家主義者，曾以「志工活動比讀書更重要」為由，迫使學生行軍十幾公里至神宮，強制學生參與整頓作業。黑岩曾懷疑「為什麼非做這些事不可呢？」卻得到這是思考國家整體構造，以及對古代歷史產生興趣的重要過程。

橿原神宮的擴張與整頓是彰顯紀元二六〇〇年之前的神武天皇的熱潮之一。一九四〇年八月，以「神武東征」為名，在九州與奈良之間選出十八處「聖蹟」，之後也建立了顯彰碑。

大阪朝日新聞與奈良縣聯手之後，素來作為競爭對手的大阪每日新聞也成為宮崎縣的

4. 初詣：新年初始去神社、寺廟拜拜的習俗。
5. 奉仕：志願為軍隊、國家提供無償勞動之意。

後援，幫忙宣傳宮崎縣是神話之中，天孫降臨之地的「肇國（國之起源）之地」。同年四月舉辦了古代軍船「okiyo 丸」（おきよ丸）的出海儀式，重現神武東征的景況，《大阪每日新聞》也以大版面報導，聲援宮崎縣這項活動。

當時不只是報社想搭上這股熱潮的順風車。由於當時獎勵前往聖蹟、聖地觀光，旅行社、鐵路公司也得到豐潤的利益。宮崎、奈良縣的神武聖蹟、伊勢神宮或是其他聖蹟、聖地都湧入了大批的觀光客。一九四〇年，伊勢神宮的香客成長至史上最高的四百萬人，奈良縣的觀光客也累積至三千八百萬人。人氣凌駕東大寺的橿原神宮在正月一日至三日之間的香客也達一百二十五萬人，是前一年人數的二十倍之多（前引《紀元二千六百年》）。

昭和天皇於同年六月前往伊勢神宮、橿原神宮參拜神武、明治以及各天皇的陵寢。天皇於同月十日參拜伊勢神宮的外宮與內宮之際，能於上午十一點十二分以及下午一點五十四分看見「全國上下以廣播的報時、警報聲、鐘聲為基準，齊向伊勢神宮遙拜的光景」（前引《「民都」大阪對「帝都」東京》）。

最為高潮的活動是十一月十日政府於皇居前廣場舉辦的紀念儀式。基於天皇、皇后都出席，參加這場儀式增至五萬人之多。上午十一點二十五分，在首相近衛文麿的帶領下，全國國民齊聲高呼三次「天皇陛下、萬歲」。

祝典要錄《天業奉頌》提到「雀躍的國民從天色未亮之時，便拿著小旗子參加旗隊，齊聲高唱奉祝國民歌〈紀元二六〇〇年〉」，見此狀態，「不禁讓我聯想『思想控制』這個詞彙」（古川隆久《皇紀、萬博、奧運》〔皇紀・万博・オリンピック〕）。

最初為了推動經濟而舉辦的紀念活動到最後被偷樑換柱，轉變成「透過精神動員（國民教化），強化戰時體制的活動」（前引）。

媒體的納粹禮

一九四〇年大日本帝國宛如通過第四彎道[6]的賽馬，奔向滅亡的道路，但是正為了紀元二六〇〇年而熱血沸騰的日本國民卻無從得知這項事實，因為同年九月二十七日，德日義三國在柏林簽訂了三國同盟條約。

視美國為假想敵的德日義三國約定遭受攻擊之際，「要於政治、經濟、軍事互相支援」，日本原想將蘇聯拉進同盟，緩和與美國之間的戰爭，最後卻偷雞不著蝕把米。這可說是日

6. 第四彎道：賽馬術語，第四彎道之後只剩下向前衝刺的直路。

本政府在明治維新之後，最大、最糟的失策吧。

不過，各家報社仍異口同聲地讚揚同盟，例如《朝日新聞》以「這是國際史上劃時代的事件」，《東京日日新聞》則以「這是崇高與符合人性的同盟，世界上有哪個國家可以表達反對意見的嗎？」《讀賣新聞》也以「仔細一想就不難理解，從日德義防共協定成立的那一刻開始，發展成全面互相援助的條約是必然的」。

條約簽訂的隔天九月二十八日，日本於德國、義大利的大使館舉辦同盟成立祝賀會。《朝日新聞》主筆緒方竹虎、《東京日日》主筆高石真五郎、讀賣社長正力松太郎等人作為新聞界代表受邀出席，於現場高呼三次萬歲。正力松太郎也向希特勒與墨索里尼發出祝賀電報（岩村正史《戰前日本人對德意識》〔戦前日本人の対ドイツ意識〕）。

日本的陸軍與醫學多為效法德國之結果，所以許多人以為，日本人打從骨子裡支持德國，但實情不然，例如第一次世界大戰之際，與英國同盟的日本就與德國是敵對關係，最後也奪走德國在中國山東省青島與南洋群島的權益。

日本親德的風潮是於中日戰爭之後逐漸興起。戰爭之所以越拖越久全因英美兩國與蘇聯支援蔣介石，對此持續表達抗議的日本也對與這些國家敵對的德國或義大利有愈來愈高的期待。

讓日本投向德國陣營的最大關鍵是一九三八年（昭和十三年）二月二十日，希特勒承認滿洲國的聲明，這讓因為滿洲國爭議，被迫退出國際聯盟，成為國際孤島的日本欣喜若狂。

各大報紙紛紛表示歡迎至極與謝意，例如《東京朝日》刊載了「日本也將以超越物質利益的友誼答謝德國的誠意」這類報導。

也讚揚希特勒為「天才政治家」。透過恐嚇外交擴張領土的希特勒頓時成為令人嚮望的對象，某家報社的幹部甚至表達「近衛公（首相文麿）應該效法希特勒的『手段』」（前引《戰前日本人對德意識》）。

曾實際與希特勒會晤的中野正剛、鳩山一郎這些政治家也誇讚希特勒「人格足以與西鄉南洲（隆盛）比肩」、「（他是）日本精神的崇拜者」。少年小說作家第一把交椅佐藤紅綠也不分青紅皂白地讚美希特勒焚書的行為。

許多日本人都讀過《希特勒傳》這本偉人傳記，卻都表示「不僅看不見任何批判希特勒殘害猶太人與鎮壓文化的觀點，還表達一定程度的認同」（前引）。於一九三八年八月訪日的希特勒青年團受到日本各地民眾熱烈歡迎，也掀起一股「效法德國」的旋風。

日本的親德熱潮雖因猶如晴天霹靂的德蘇互不侵犯條約（一九三九年八月）而一時冷

卻，但是次年一九四〇年春天，德國閃電征服北歐、荷蘭與法國，又將英軍趕回英國本土後，日本對德國的景仰之情又重新升溫。

在一旁煽風點火的果然還是報紙。當時的德國準備對蘇聯開戰，為此展開宣傳戰，企圖將日本拉進軍事同盟，德國駐日大使館也大肆招待新聞從業人員。對此毫無戒心的新聞從業人員便以「可別來不及搭上公車啊」的流行金句，持續刊載樂於加入同盟的報導。

政治家、軍方、記者全被德國的宣傳迷惑，紛紛搶搭「亡國公車」，之後又如猴子有樣學樣，模仿納粹制定國家總動員法，以及建立大政翼贊會這種近衛新體制。

政治學家中村菊男曾提出「當時的日本同時抱有一抹的不安與不切實際的幻想，不安的是，擔心德國敗北，英法戰勝後，美國與西歐民主主義各國的勢力將一口氣深入亞洲幻想的是，若最終德國獲勝，將可參與世界的新秩序」的看法（〈納粹德國與軍國主義日本〉〔ナチス・ドイツと軍国主義・日本〕），也提出下列結論。

「昭和十五年（一九四〇年）夏季至秋季這段期間，日本的國內情勢出現異狀，國民那容易被煽動的心理弱點表露無遺。國民的情緒一旦被挑起，大眾媒體又於一旁推波助瀾，情勢便會一發不可收拾，上位者再怎麼冷靜，恐怕也難力挽狂瀾」（前引）。

軼事

「聖戰」之塔成為「平和之塔」

紀元二六〇〇年紀念物之一，同時是目前現存的最大建築物就是位於宮崎市的「八紘之基柱」。這座建築物是為了與協助橿原神宮整備事業的大阪朝日新聞對抗，由大阪每日新聞全面支援建造。

八紘之基柱是高三十七公尺的石塔，正面刻有「八紘一字」的字樣，背面的碑文則述說神武東征以及繼神武東征之後在中國大陸的「聖戰」。戰後，八紘一字與碑文一併被磨掉，這座塔也改名為「平和之塔」，但一九六五年（昭和四十年）又還原文字，宮崎縣也將這座塔訂為「歷史遺產」，作為觀光宣傳之用。

鄰組「蜘蛛網社會」監視、統制每寸角落的網子

「鄰組」是中日戰爭、太平洋戰爭時期國家總動員體制的末梢組織，所有國民都被迫參加，這也是國家讓國民於戰時堅守貧困與統制國民思想的有效手段。宛如在日本社會布下蜘蛛網的鄰組具有讓國民互相監視的功能，也扼殺了個人的隱私與意見。

出席「常會」為義務，強制國民團結

咚咚咚咚拉開門的鄰組
拉開格子門，見到的是熟面孔
到處傳閱的傳閱板
被通知與通知別人

聲樂歌手德山璉所唱的〈鄰組〉（隣組）之歌（作詞為藝術家岡本太郎之父的漫畫家岡本一平）首次於廣播節目播放是一九四〇年（昭和十五年）六月。輕快、朗朗上口的旋律瞬間就傳遍全國。

日本人應該非常喜歡這首歌的旋律，以至於戰後也成為廣告歌曲或是當成搞笑節目「漂流者」的開場音樂使用。即使是現代的年輕人也聽過，可說是極為少數的「戰前熱門金曲」。

鄰組以十戶以上，二十戶以下為基本單位，每個月會召開一次「常會」，通常晚餐之後的八點左右召開，每一戶必須輪流召開，也至少要派一人出席。

漸漸地，常會也出現了固定的形式。一開始先由組長開會致詞，有些人的意見又臭又長，有些人則不說半句話。接著由組長發號施令，「向宮城（皇居）敬最敬禮——禮畢」，完成遙拜宮城的儀式，接著再默禱，祈求「皇軍武運昌隆與靖國英靈安息」，最後恭唱國歌與奉讀敕語與詔書。

儀式到此還沒結束，接著是一同宣示「市町村是」，這部分是全町或全村訂立的目標，例如「我們臣民誓要襄助八紘一字的皇謨（天皇統治國家的計畫），要體現教育敕語的誓旨，向道義日本的建設大步邁進」（福岡縣小倉市常會）。

接著是重要事項報告。從這裡開始才是常會的正題，此時會宣布來自市公所或地方辦公室的重要事項，其中包含糧食配給或防災訓練這類與生活有關的訊息。接著是協議懇談，也就是討論鄰組組員提出的問題。最後會留一段「和樂」的時間，此時會讓大家聊聊天，唱唱歌或表演一下，一解平時的煩悶。

一連串的事項終於結束後，就由組長致詞作為結束，有時候這個儀式會有「講話」這個過程。翻譯《紅髮安妮》的兒童文學家村岡花子就曾寫下對鄰組常會的不滿。

「開會時間太長，著實令人覺得痛苦，有時甚至拖到半夜或是拖上三小時，這對有小孩的家庭而言，實在是難以接受。大部分的與會者都是主婦。若是由主婦一手包辦家事的家庭，一旦常會開到十二點左右，主婦還得收拾宵夜吃剩的碗盤」（自〈鄰組筆記〉《我的鄰組》〔隣組ノート；私の隣組〕節錄）。

但這種看似浪費時間的「儀式」，卻是統制國民思想的重要手段。明訂鄰組為國家制度之一的是一九四〇年（昭和十五年）九月十一日頒布的內務省訓令第十七號要項「鄰組為培養國民道德與團結精神的基礎組織」。

其他還有像是「組織市町村內居民，依萬民翼贊之本旨，遂行地方共同任務」以及「讓國策全面浸透國民」這類內容。國家將鄰組定義為「市町村的下級組織，擔有協助推動國策的義務」（渡邊洋吉《戰時的日本人與鄰組回報》〔戦時下の日本人と隣組回報〕）。

訓令頒布的一九四〇年年底，全國共有一百一十三萬個鄰組，到了隔年一九四一年五月，成長至一百三十三萬個。當時的日本總人口約為七千三百萬人，每個家庭的平均人口為五人。假設一個鄰組由十幾個家庭組成，的確能將所有人口納入鄰組這套系統，全體國民也籠罩在這張名為鄰組的監視網之下。

「（鄰組是）上意下達、下情上通的組織，遍布於全國各地。（省略）國民總動員體制的完備意味著國民包圍網形成」（長濱功《國民精神總動員的思想與構造》〔国民精神総動員の思想と構造〕）。

於戰後佔領期間在日本各地採訪的知日派美國記者法蘭克・吉布尼（Frank Gibney）曾將日本評為「宛如蜘蛛網的社會」。「在所屬的集團之外，日本人不能擁有個人意志。（省略）日本人只能以家族、共同體、國民的一員存活。（省略）幾乎沒有日本人能擺脫來自集團的要求」（*Five Gentlemen of Japan*）。

配給制的重軛，動員在地居民

鄰組起源於中國的「五保制」，根據《日本書紀》記載，這項制度於大化革新之後傳入日本。五保是處罰組織內部的犯罪者，要求民眾告發犯罪行為的治安取締制度，到了豐臣秀吉、德川家康時代，演變成連坐統治制度「五人組」，也就此於日本社會紮根。鄰組就是讓五人組死灰復燃的國家總動員末梢組織。

一九三七年（昭和十二年）中日戰爭爆發促成首次由近衛文麿內閣主導的「國民精神總動員運動」。基於在「讓國民從日常生活走進戰時體制」（田中美樹子〈戰時的「新體制」與鄰組〉〔戦時下における「新体制」と隣組〕）政策，一九四〇年（昭和十五年）由近衛內閣的第二次新體制大政翼贊時期，町內會與鄰組的形式也變得更為具體。

鄰組雖然採取的是地區型社區互助會的形式，卻有意見認為鄰組的目的在於「透過疑似基層自行發動的運動粉飾高層以權力整合國民的企圖，藉此提振『大後方』的國民精神」（前引）。

鄰組設有五花八門的生活規範，其一就是保密防諜對策。家庭成員、職業、收入，這類家庭隱私都被翻出來，寫成市民調查紀錄，再由鄰組組長保管。遷出或遷入戶籍，都有義務向上層報告。如果談及「軍情」，即使只是街頭巷尾的閒聊也會被警告，鄰民之間必須彼此互相監視。

防空、消防也是鄰組的重要職責。原本該由軍方或消防員負責的工作，都丟給居民自行負責，打造防空壕或是水桶接力這類防空訓練則以鄰組為單位進行。

「隨著戰爭漸趨激烈（省略）原本的互助精神已蕩然無存，剩下的是每天從早到晚的竹槍訓練與防火訓練。（省略）所謂的鄰組，不過是喊著『守護大後方』這種好聽的口號，逼迫所有人服從的組織，只是沒人想被叫成『非國民』」（創價學會青年部反戰出版委員會《鄰組與戰爭》〔隣組と戦争〕）。

居民不得不服從鄰組的「命令」，是因為戰時的糧食與生活必需品都屬於配給品。「配給券是從政府發給町內會、部落會、鄰組這些地區組織，再發配給每個家庭。（省略）此舉打造了不加入與服從地區組織，就無法活下去的社會。（省略）一旦反抗，就會被貼上『非國民』的標籤，也得接受被排擠這類制裁」（前引〈戰時的「新體制」與鄰組〉）。

當時的政府為了籌措軍費，要求國民增加儲蓄與購買公債。每處市町村被迫組成儲蓄工會，也必須達成目標儲蓄金額，負責推動這項業務的就是鄰組。一九四一年（昭和十六年）發行的十年期報國債券在到期的戰後一九五一年（昭和二十六年），因為通膨的關係，貶值為實際價值的一百八十分之一，形同廢紙一般。

政府接受大政翼贊會於一九四一年八月開始的國民全體勞務運動，並透過內閣會議通過「勞務緊急對策要綱」，鄰組以傳閱板通知「緊急勞務總動員」，要求國民於戰時接受勞務動員。
戰後，鄰組與町內會都被視為戰爭遂行組織，因此於一九四七年（昭和二十二年）被聯合國最高司令官總司令部（ＧＨＱ）廢除，但在一九五二年（昭和二十七年）四月和平條約生效，軍事佔領期結束，町內會又於全國各地復活。
熊本縣休閒協會從二〇〇六年（平成十八年）開始推動「對面三軒兩鄰（鄰組）」運動。副會長有働紘子提到「大家非常清楚戰前的鄰組有哪些負面之處。在少子高齡化的趨勢之下，每個地區都有許多獨居的長輩。我們希望這個運動能讓在地居民彼此認識與互助」。隨著〈鄰組〉的歌曲旋律做體操也很受到長輩歡迎。
地區社群式的互助在三一一大地震發生之後重新被重視，但說到底，鄰組這項日式制度的確留下深刻的教訓。
「日本人一旦承接使命，不管內容為何，總會忠實地完成被交付的任務，因此，當領導者不適任，日本人便得踏上悲慘的命運」（前引《國民精神總動員的思想與構造》）。

軼事

被過度期待的近衛新體制

近衛文麿政權的「新體制」雖然透過國民精神總動員運動與鄰組牽制國民，但當時的國民也希望這套新體制能為高壓的軍國主義體制帶來新氣象。

女性解放運動家神近市子曾於戰後回憶當時的心情，她認為「（昭和十五年是）軍方勢力最盛的時期，在這股高壓的氣氛之下，唯一能帶給知識分子些許希望的就是近衛首相的新體制。（省略）雖然前途仍舊暗淡，但至少能在種種生活規範之下，讓國民的生活變得更明亮、更合理」（《中央公論》一九六二年〔昭和三十七年十月號〕）。

十二月八日的「晴空」
珍珠港大勝利，全日本陷入狂熱

一九四一年（昭和十六年）十二月八日，太平洋戰爭揭開序幕，日本的陸軍與海軍分別偷襲英美的亞太基地馬來半島以及夏威夷的珍珠港，於這兩場最初的戰役獲得大捷，也一掃自一九三七年（昭和十二年）中日戰爭之後的停滯感，日本國民上下為此大捷群情沸騰。那天，每個人都認為日本的將來會是「晴空萬里」，這就是當時人們心中的「現實主義」。

「世界煥然一新」、「對培里的復仇」

十二月八日的東京的早晨因強烈的寒流而寒風刺骨，但天空卻顯得格外清澈湛藍。早上七點，廣播發出警報，日本放送協會（ＮＨＫ）的主播館野守男以渾厚有力的聲音重覆播報兩次下列的內容。「即時新聞插播、即時新聞插播。大本營陸海軍總部於十二月八日上午六點發表。帝國陸海軍於本日八號天色未明之際，於西太平洋同美軍、英軍開戰。」

天皇近臣木戶幸一內大臣於上午七點十五分趕赴宮中，並在日記寫下「我國終以美英兩大國為對手，展開全面戰爭。今早，海軍之航空隊已大舉空襲布哇（夏威夷）。知曉此事的我擔心我軍安危，便不自覺朝拜太陽，閉目祈願。」

木戶的不安頃刻消失，因為接下來連續幾次的即時新聞都報導日軍得到驚天動地的大勝利。「大多數的國民從早晨開始，整天黏在收音機旁邊」（日本放送協會編《放送五十年史》）。皇居前廣場漸漸出現人群，歡呼之聲此起彼落。東京的大樓屋頂也高掛「屠殺吧！英美是我們的敵人」、「前進吧！化身為一億火球」的布幕。全日本都興奮地高呼「萬歲！」

作家、詩人這些知識分子也以文章反映日本人在這天的興奮與歡喜。

伊藤整曾寫下「其感動彷彿整個人從身體深處煥然一新。（省略）啊，這樣就好，這樣就沒問題了，這樣一切都塵埃落定了。我還記得這股溢於言表的安心感」（〈十二月八日的記錄〉〔十二月八日の記録〕）。

高村光太郎的文章提到「整個世界煥然一新，出現了劃時代的改變，昨日猶如遙遠的過去。（省略）我不禁喜極而泣」（〈十二月八日的記錄〉〔十二月八日の記〕）。

火野葦平則留下「進軍東亞天際線的英勇神姿栩栩如生地於腦海浮現。（省略）在收音機前面熱淚盈眶的我，久久不能自己」（〈全九州文化協議會報告文〉〔全九州文化協議会報告文〉）。

長與善郎則寫下「未曾想，有生之日能遇到如此歡欣、痛快，如此值得慶賀的喜事」（〈今時戰爭與戰爭的文化意義〉〔今時戦争とその文化的意義〕）。

太宰治也寫下「從今朝起，日本已是全新的日本。（省略）眼睛與毛髮的顏色不同，竟能讓人如此同仇敵愾，我真想狠狠揍敵人一頓」（〈十二月八日〉）。

武者小路實篤則寫下「一決勝負的心情真爽。（省略）這真是來者不懼的心情，也是想一展實力的心情」（〈一作家的手記〉〔一作家の手記〕）。

島木健作寫下「所謂妖雲盡消，得仰天日正是指今日今時之事吧」（〈十二月八日〉）。

橫光利一於日記寫下「總算開戰，而且大勝。奉先祖如神的民族必勝」。

小林秀雄提到「戰爭會讓雜念一掃而空」。

三好達治則寫下以「美國太平洋艦隊必全滅」（アメリカ太平洋艦隊は全滅せり）為題的詩。

啊，那番恫喝
啊，那種示威
啊，那樣的經濟封鎖

（省略）

可笑之至，脂肪過多的民主主義大總統是

比糖果還甜的傢伙，一如昨夜的策略

美國太平洋艦隊必全滅！

即使是戰後以《墮落論》無情冷批軍國日本的坂口安吾也難掩興奮之情地說「恭聽東條首相訓示之後不禁落淚。這是不需言語的時刻。若有必要，我願奉上一己性命，即使戰至一兵一卒，絕不容敵人踏入國土半分」（〈真珠〉）。

自明治時期之後，日本人對西方就抱有強烈的自卑感，而最能表達日本人此刻心聲的，是龜井勝一郎下列這番話：「這場勝利宛如日本民族長久以來的夢想，不啻是培里以武力迫使開國後，我國最初也最為壯烈的回應，更是一場復仇。」

山本五十六等人的軍方中樞惴惴不安

「百分之九十九的國民都因勝利而度過得意洋洋的夜晚」（山田風太郎《同日同刻》）。

雖然為數不多，卻有一群人對於首戰的消息抱以慘淡的心情。

前首相近衛文麿聽聞開戰一事後，便沉鬱地說「出大事了。我有日本將一敗塗地的預感。現況最多只能維持兩、三個月」（自細川護貞〈近衛公的生涯〉《近衛日記》〔近衛公の生涯〕節錄）。

前外相松岡洋右也愁眉淚眼地說「如今我更是覺得日德義三國同盟的締結，是我這輩子最大的失算。（省略）三國同盟原是為了防堵美國參戰，避免演變成世界大戰，沒想到事與願違，反而成為這次開戰的原因。每每想到這裡，我就覺得自己萬死難辭其咎」（齋藤良衛《被欺瞞的歷史》〔欺かれた歴史〕）。

記者清澤洌則感慨地說「聽聞今朝開戰一事，我便覺得我們這群人該負起責任，未能盡力阻止這類事情發生的我們有錯」（正宗白鳥《文壇五十年》）。

才剛從法國留學歸國的岡本太郎則大喊「什麼？這麼會如此愚蠢！完蛋了！日本已經完蛋了」（《證言．我的昭和史3》〔証言　私の昭和史3〕）。

曾於美國長住的主婦高橋愛子在讀過開戰的號外後，便於日記寫下「一時之間，全身的血液宛如退潮般抽乾，失去力量支撐的身體癱軟地跌坐在沙發上。（省略）這簡直是小孩找大人打架」（《開戰之後的日記》〔開戦からの日記〕）。

有些軍人也認為這場戰爭是有勇無謀之舉。後來於終戰之時擔任首相的前海軍大將鈴木貫太郎一臉灰暗地說「不管這場戰爭是勝是負，日本終將淪為三流國家。事情為何會演變至此啊」（半藤一利《珍珠港：日本帝國的殞落序幕》）。

最了解對英美宣戰多麼危險，懂得不受國民那股狂熱情緒感染的是那位偷襲珍珠港的英雄——聯合艦隊司令官山本五十六。大捷的消息傳至瀨戶內海柱島的司令部之後，據說山本於當天早上十一點半左右，板著臉孔如下訓示年輕的海軍士官。

「老實說，這場戰爭必須在半年或一年內結束，否則我國將會陷入困境。希望大家秉持著這個想法，沉著冷靜地完成每項任務，千萬不要因為首戰告捷而驕傲。」

據說這些年輕士官都心有不滿地認為「明明是痛快大捷之日，總大將為何要說這些長他人志氣，滅自己威風的話呢」（前引《珍珠港》）。

山本的故鄉新潟縣長岡市的鄉土史學家，也撰寫山本相關評論的稻川明雄提到「山本能察覺人心與判讀人類脆弱之處。經過日俄戰爭之後，他非常了解日本人的缺點在於戰況順利時過度樂觀，戰局惡化時，卻又過於恐慌，絲毫不足以信任。所以才會冷眼旁觀開戰之際的那股狂熱」。

軍部中樞、大本營陸軍部戰爭指導班的《機密戰爭日誌》（機密戦争日誌）記載了下列十二月八日當天的紀錄。

「不管是奇襲的成功，還是全體國民的鬥志高昂，都是既成功又理想的開戰（省略）都是無盡的感激與感謝。只是該如何讓這場戰爭圓滿結束呢？這是這場戰爭最大的難關。」

軼事

每月八日成為祈求必勝之日

一九四一年十二月八日頒布宣戰詔書後，自次年一月開始，每月八日被定為「大詔奉戴日」。這天會升旗，演奏日本國歌與遙拜宮城（皇居）之外，政府機關、公司與學校都會舉行恭讀詔書典禮，神社、寺院、教會也會舉辦祈求必勝的儀式，甚至還為大詔奉戴日製作了歌曲，意在強化戰時動員與提升國民的鬥志。

學校方面，兒童、學生一早必須前往神社參拜，接著舉行膜拜御真影的儀式以及分列式。午餐則以日之丸便當[7]為佳。戰局惡化後便以「奢侈是大敵」為由，禁止於八日飲酒。

7. 日之丸便當：只在白飯中間放著一顆梅乾的便當，形狀像是日本國旗。

被拋棄的「戰勝組」
減少「人口」的移民政策

太平洋戰爭結束後，巴西的日裔移民社會發生堅信日本獲勝的「戰勝組」攻擊承認戰敗的「戰敗組」的事件，這次事件也造成二十幾人死亡。一般認為，這次事件的主因在於資訊隔絕的環境與民族主義教育。明治末期以後，被送往南美的移民成為「減少人口」的人口調節閥門，也成為被日本割捨的一群人。「勝利組與失敗組的抗爭」可說是棄民政策催生的悲劇。

懷抱著一獲千金的夢想前往巴西

「天皇陛下萬歲！我回抵國門了。」

一九七三年（昭和四十八年）十一月十七日晚上九點半，一名白髮蒼蒼的老人站在抵達東京羽田空港的飛機懸梯上如此大喊。最高年齡為八十一歲的三個家庭十四人曾於巴西聖保羅的偏遠郊區定居，他們是「勝利組」的「報國同志會」成員，最早是從沖繩移民。

記者對他們其中一人提問「你們還堅信是日本獲勝嗎？」後，得到「請放眼看看這座機場，這是戰敗國的機場嗎？直到現在，我們總算親眼見證日本的勝利了」。

一行人於隔天造訪皇居前廣場，朝二重橋列隊後深深鞠躬，接著前往靖國神社默禱，其中也有跪地俯泣的人。

「日本果然是戰勝的一方。宮城（皇居）如此宏偉之餘，靖國神社也立有肉彈三士的銅像（事實上是銅板浮雕）。戰敗國怎可能如此繁榮」（藤崎康夫《陛下還活著！》〔陛下は生きておられた〕）。

或許是因為前年二月，前日本士兵橫井庄一從關島回國的事件，報國同志會一行人歸國成為令人回想起戰爭的「小小話題」，但報國同志會一行人高呼「戰勝了、戰勝了」的模樣讓某些人不禁以「時代錯誤」、「浦島太郎[8]」這類詞彙譏諷。

不過日本人都忘記一件事，他們正是戰前的日本人，是日本人過去的自畫像。

日本的移民史最早從一八六八年（明治元年），一百五十三人以聘僱工的身分遠渡夏威夷開始。日本與當時仍是獨立國家的夏威夷簽定移民協議後，一八八五年（明治十八年），政府送出九百四十四人作為第一批移民。其中大部分的移民都只抱著一獲千金的夢想，鮮少有人下定決心要於夏威夷定居。

自此之後，雖然有許多日本人移民到美國與南美，但實際上是懷著在國外工作幾年就「衣錦還鄉」的夢想。根據一九三九年（昭和十四年）巴西聖保羅（São Paulo）中西部的巴烏魯（Bauru）調查，當時約有百分之八十五的日裔人士想要回歸故土。

日本政府推行移民政策的動機在於人口問題。江戶時代以殺嬰、拋棄老人的手段調節人口，但這種被近代國家視為「野蠻」的風俗最後被禁止，明治以後的人口也因此激增。

明治初期的人口數約為三千五百萬人，到了大正時期就膨脹為五千二百萬人。一般認為，日本的國內農業最多只能養活五千萬人，所以移民政策是最為穩健的「人口減少」政策。

在戶主握有全權的家庭制度之下，農家的次男、三男難以自謀生計，於是明治末期到大正時期，人口流入東京的傾向非常明顯，連帶使不受家庭制度束縛的都市勞工與貧困人口增加，尤其大正中期的一九二〇年代，在社會主義的影響之下，社會運動、勞工運動也非常頻繁。

8. 浦島太郎：日本童話故事。指的是主角浦島太郎去龍宮一遊後，回到家鄉發現今夕已非昨夕，人事物都已改變，自己也成為蒼老的老頭。

政府顧慮這股風潮形成共產革命，因此移民政策也是防止赤化的政策，暗藏「廣袤的南美新天地提供了自由、未來這些甜頭，另一方面，平和地將『製造麻煩者』趕出國外，可換得國內的安全」這個目的（遠藤十亞希〈遠渡南美的日本人移民是「棄民」嗎〉〔南米に渡った日本人移民は「棄民」だったのか〕）。

一九〇八年（明治四十一年）四月二十八日，第一艘巴西移民船「笠戶丸」載了七百八十一人的「移住者」從神戶港出發。在此之前，美國一直是日本人出國賺錢的首選，但隨著美國國內反日情緒高漲，便改往南美賺錢，直至太平洋戰爭開始，移民政策結束，約有十九萬人遠渡巴西。

不過，巴西並非他們夢想中的「樂園」。「巴西的咖啡農莊是為了補充失去的黑奴勞動力，才接受日本人移民」（田宮虎彥〈被拋棄的日本人〉〔棄てられた日本人〕）。

這些日本人逃出農莊後，選擇開墾荒地，自力更生的生存之道。當時生活之悲慘，別說一獲千金，連回國的資金都沒有。「為了移民而離開日本的同時，日本政府也拋棄這些移民，對這些移民坐視不理。（省略）即使得知巴西與地獄無異，也未曾打算拯救移民」（前引）。

於異鄉的孤獨強化愛國心

移民之所以能於嚴苛的環境下期待歸國之日到來，全因身為日本人的傲氣。第一次世界大戰之後，日本人躋身戰勝國陣營，也被譽為世界五大國之一，因此移民「總認為自己是一流國民，對手（巴西人）不過是三流國民」（太田恒夫《日本尚未投降》〔日本は降伏していない〕）。

一九三一年（昭和六年）滿州事變之後，遠渡巴西的移民將軍國主義思想帶入巴西，也讓民族主義在移民社會紮根。一九七三年歸國的報國同志會成員在戰後仍持續奉讀教育敕語、齊唱日本國歌與愛國進行曲的生活，住所仍有御真影與日俄戰爭紀念楠木正成的畫像擺飾。

美國政治學家班納迪克・安德森（Benedict Anderson）將這種國外移民比本國人更愛國的傾向稱為「遠距民族主義」，對於在異鄉感到孤單的人，對母國的歸屬感是唯一的心靈慰藉。

一九四一年（昭和十六年）十二月日美開戰之際，巴西約有三十萬名日本人。與美國在經濟上有所關聯的巴西選擇投奔同盟國陣營，同年八月禁止外語新聞發行，只為出國賺錢而未學會葡萄語的移民，此時如同身陷敵陣，卻眼不能讀、耳不能聞。

唯一與日本有關的資訊來源就是短波的東京廣播。開戰之際，日本的連戰連勝讓移民社會為之沸騰，但戰局惡化後，他們對於持續謊稱勝利的大本營仍堅信不移。原以為日本即將勝利的移民在一九四五年八月十五日聽到戰敗的廣播後，猶如晴天霹靂，一時之間難以置信。

對於戰時被當成「敵性國民」迫害的日本人移民而言，「日本軍方答應的（大東亞）共榮圈是他們唯一活下去的理由，猶如對此生失望，企盼往生極樂淨土的心情」（半田知雄《移民生活的歷史》〔移民の生活の歴史〕）。

有九成的移民是不相信日本戰敗的「戰勝組」，但部分的富裕階層與知識分子則是承認戰敗，日後雙方分別被稱為「信念派」與「認識派」。

之後陸陸續續有「日本勝利」的謠言傳開。聽到日本外交使節搭乘軍艦來訪的傳言，便有幾千名日本人從各地紛紛湧至聖保羅市。此時趁機利用勝利組的願望詐騙的事件接二連三發生，例如銷售形同廢紙的日圓或是偽裝成皇室，謊稱帶移民回國。

最深刻的悲劇莫過於勝利組發動的恐怖攻擊。當時認識派的成員展開告知同胞真相的活動，但不時會出現一些貶抑國家與皇室的言行舉止，有時還會有點過火。當時的認識派成員多為富裕階層，所以在仇富心理的催化下，勝利組的怒氣最終爆發了。

自稱「特行隊」的組織一次又一次襲擊認識派。直至一九四七年（昭和二十二年）一月為止，共有二十三人遭到殺害。戰勝組這邊最大的組織是「神風隊」、「決死奉公團」、「天誅組」約三萬人糾合的「臣道連盟」。巴西當局雖將這個組織視為「恐怖分子的大本營」，卻不認為對認識派的襲擊是組織犯罪。

「從三之宮站往山手的紅土坂道是泥濘的道路。（省略）矗立於這座山丘上面的是『國立海外移民收容所』。」

石川達三曾以巴西移民為題寫下《蒼氓》（第一屆芥川賞）這本小說，開頭描述的移民收容所至今仍健在，作為「海外移住與文化交流中心」（神戶市中央區）使用。移民巴西的人民都是從全國各地徵召而來，並在接受一週左右的「教育」之後，被迫送出國（即使戰爭結束，直到最後一艘移民船出航的一九七一年之前，移民收容所仍正常使用）。

位於中心二樓的「日伯協會」常任理事黑田公男先生對移民史非常熟悉，他提到「戰勝組與戰敗組的抗爭雖然一段負面的歷史，但戰前的移民將農業技術帶入巴西，戰後的移民（一九五三年重新開放）則帶入工業技術。也不能忘記現在約有一百五十萬日裔人士讓巴西變得更好，被巴西感謝的這件事」。

軼事

祕魯與夏威夷也有相同的組織

戰後，除了巴西有「戰勝組」，其他的地區也有戰勝組。終戰後，「愛國同志會」於鄰國祕魯組成，也對戰敗組發出恐嚇信。墨西哥的戰勝組也於戰後堅信「日本勝利」。夏威夷則出現了「布哇必勝會」這類戰勝組組織，當地也出現「日本的軍艦將駛入珍珠港」的流言。

「直至終戰的八月十五日之前，不管是身在日本還是海外的日本人，都是強悍的『戰勝組』（省略），只不過人在日本的日本人機靈地早一步換上『戰敗組』的制服」（伊藤一男《海外日系人》總編輯＝一九八三年當時）。

擁抱麥克阿瑟

過度崇拜「解放者」

第二次世界大戰結束後，長達六年半的日本佔領堪稱史上最成功的佔領。於佔領期間，重新打造日本骨架的各種改革若無麥克阿瑟（Douglas MacArthur）這位個性鮮明的領導者絕對無法成功，因此日本人感謝這位「解放者」，也尊他為「慈父」。與統治者一同擁抱戰敗的屈辱，讓日本的戰後社會重新開始運作。

從「寬容」的敵將身上深刻體會到民主主義

儘管來吧，尼米茲[9]、麥克阿瑟

敢來的話，就讓你們墜入地獄

9. 尼米茲：尼米茲（Nimitz）級核子動力航空母艦。

這是一九四四年（昭和十九年）十二月撰寫的軍歌〈比島決戰之歌〉（比島決戦の歌，作詞：西條八十、作曲：古關裕而）的一小段。戰事即將告終，美日兩軍於菲律賓對戰之際，這首對太平洋戰區美國海陸軍總司令充滿敵意的歌曲，透過廣播播放。

大約是九個月後的一九四五年八月三十日，這位「可憎可恨的敵將」以佔領日本最高司令官之姿飛抵神奈川縣厚木機場。他沒配備任何武器，只戴著太陽眼鏡與叨著菸斗。站在「巴丹號」懸梯上傲然俯視周圍的他，完全就是一副統治者的模樣。

雖然日本已宣布投降，但關東平野仍有約三十萬名全副武裝的日軍待命。「這實在是勇氣超乎常人的行為。（省略）佔領軍總司令居然敢以這副姿態飛抵大批軍隊尚未解除武裝的敵陣，可真是空前絕後的新聞。不過，這就是麥克阿瑟的作風」（袖井林二郎《麥克阿瑟的兩千天》〔マッカーサーの二千日〕）。

據說麥克阿瑟認為「高傲的態度反而能讓亞洲人感佩，所以才刻意營造這種印象」（Sydney Mayer, *MacArthur in Japan*）。

「麥克阿瑟認為『東洋的精神』常淪於『對勝方的諂媚』，所以他思考的問題是民主主義能否於日本紮根，自己的言行能否讓日本人信服，而事實上大部分日本人的反應也是最高司令官是偉大的，所以民主主義也很偉大」（John W. Dower, *Embracing Defeat*）。

佔領軍進駐後，麥克阿瑟毫不諱言地說「戰敗的日本淪為四等國」，「四等國」一詞也成為意志消沉的日本人口中的流行語。

不過，麥克阿瑟同時扮演「暴跳如雷的大叔」與「和藹慈悲的父親」這兩種角色。一九四五年九月二日，麥克阿瑟在東京灣的密蘇里號（Missouri）戰艦接受日本投降簽字儀式時發表「自由、寬容、正義」是他的願望，也是全人類的希望。

在一旁見證簽字儀式的外交官加瀨俊一對這番演講深表同意，也提到「這是直擊內心的演講，是多麼壯志豪雲的理想啊。（省略）原以為將被徹底羞辱的我真的難以置信，心中只有感動兩字可言」（《前往密蘇里號的路》〔ミズリー号への道程〕）。

於戰時被「一旦戰敗，男人將淪為奴隸，女人將被迫賣淫」的話術洗腦、每日過得戰戰兢兢的日本人，對於佔領軍居然如此「寬宏大量」非常震驚。

作家司馬遼太郎提到「日本民族是被掛著參謀肩章的軍方佔領。（省略）戰後，美軍雖然一如預期地進駐，卻是略嫌軟弱的佔領，反觀之前軍方的佔領才真的嚴苛。（省略）觀察戰後的社會才發現，這才是日本人過去擁有的平和生活與社會吧」（《戰爭與國土・司馬遼太郎對話選集6》〔戦争と国土　司馬遼太郎対話集6〕）。

麥克阿瑟下令推動五大改革（女性解放、勞工團結權的保障、教育的民主化、祕密警察的廢止、經濟的民主化），間接推動了婦女參政權、工會成立與農地改革。

「實質上，我對日本國民擁有無邊的權力」（《麥克阿瑟回憶錄》），所以這些雖然都是可行的改革，卻不是出自我手，而是日本人自己於戰前要求的改革。或許有點急躁，日本人最初並未發現麥克阿瑟是頑強的反共主義者。

路透社駐日記者大衛．康德（David W. Conde）聲稱「剛愎自用、傲慢的麥克阿瑟不可能是自由民主的改革者」，也提到「羅斯福政權已備好積極的改革政策，為日本的政治、軍事、經濟以及各方面的變革還有民主政治畫下藍圖」（《朝日Journal》〔朝日ジャーナル〕一九六五年八月十五日號）。

知名記者約翰．根室（John Gunther）曾寫下「這股無盡的狂妄自大正是自信、吸引力的來源，也是令部下以死效忠的能力，更是他最為實用的個性」（自*Procession* 節錄）。日本人也因麥克阿瑟的魅力而自動「以死效忠」。

信件高達五十萬封，卻因「十二歲」的言論幻滅

足以解釋「對勝方的諂媚」的代表之一就是作家久米正雄的〈日本米州論〉（一九五

〇年（昭和二十五年））。久米曾寫下「日本與其透過談和獨立，不如被美利堅合眾國合併，成為美國的第四十九州，才能獲得真正的幸福」。

雖然久米是十分極端的例子，但向麥克阿瑟示好的例子多不勝數，例如以麥克阿瑟元帥盃命名的網球比賽、桌球比賽，或是來自全國各地的感謝狀以及讚揚麥克阿瑟的書籍。「現在想來更覺得是因為這個人成為總司令，所以美國才獲勝，而這樣偉大的人物是管理日本的最高總司令之後，日本的未來將會何等幸福呢？」（山崎一芳《麥克阿瑟元帥》（マッカーサー元帥），一九四五年十二月）。

在日本被佔領之後堪稱最為獨特的現象就是日本國民寄給麥克阿瑟的信件。根據一九四五年（昭和二十年）十月下旬的新聞報導，從佔領之後寄出的信件約有一百封。直到最後，寫給麥克阿瑟的信件激增至多不勝數的五十幾萬封，佔領軍將這些信件交由情報翻譯與分析部隊（ATIS）解讀，再將較重要的信件譯成英文，麥克阿瑟本身也讀了不少封信。

其中約有三千五百封收藏於美國維吉尼亞州諾福克（Virginia, Norfolk）的麥克阿瑟紀念館，在八〇年代，經過政治學家袖井林二郎的調查後，得知信件多為下列內容。

▼讚揚勝者

「謹啟・向麥克阿瑟元帥高呼三次萬歲」、「日本成為美國的屬國」、「請徹底拯救可悲的日本」。

▼與天皇有關的內容

「天皇陛下是我們日本人的生命」、「請不要將天皇陛下送上法庭」。

▼期待麥克阿瑟是位「溫柔的父親」

「希望成為麥克阿瑟夫人的家政婦」、「想為元帥生孩子」。

▼贈送禮物的申請

贈送梨子、蘋果、松茸、麻糬這些食物與皮毛、太刀、肖像畫的申請之外，甚至有人希望為麥克阿瑟立銅像或是提供土地給麥克阿瑟。

也有希望「美軍能半永久駐紮」的「建言」。

過去被當成聯合國最高司令官總司令部（GHQ）使用的第一生命館（現為第一生命日比谷總公司）的六樓仍保留麥克阿瑟當時辦公的模樣。胡桃木牆壁、地毯、桌子、椅子都還是當時的樣子。桌子沒有抽屜，桌面也沒有堆文件。

麥克阿瑟駐紮日本之際，沒有一天不辦公。據說會如此忙碌，是因為待在這間房間讀信，這些信件可了解日本人的情緒，也是擬訂佔領政策的重要資料，信中的讚美之詞也能滿足麥克阿瑟的虛榮心。

佔領期間，每年元旦報紙頭版都會刊載以「致日本國民」為題的文章，內容是麥克阿瑟寫給日本人的新年賀詞，也如同是寫給日本人的教諭。到了麥克阿瑟一月二十六日的生日，還刊載了附有照片的報導，簡直就將麥克阿瑟尊為天皇。

其「在位」直至被杜魯門總統突然解職的一九五一年（昭和二十六年）四月十一日。日本人驚覺「居然有比麥克阿瑟還要偉大的人」，也才知道民主主義是文人領軍制度。麥克阿瑟於四月十六日匆促離日。日方則打算以「偉大的父親」這個名義，將麥克阿瑟視為終身的「榮譽國民」，以及替他建造紀念館。

不過，麥克阿瑟在同年五月五日美國議會的軍事外交聯合委員會提到「日本人的現代文明基準就像是十二歲的少年」之後，惹怒了日本政府，原本規劃的一切也都煙消雲散。雖然麥克阿瑟沒有嘲笑日本人的意圖，但日本人對麥克阿瑟的「愛戴之情」卻在瞬間化為烏有。

軼事

建造大於自由女神像的銅像

儘管麥克阿瑟對戰後的日本造成深刻的影響，卻因「十二歲少年」的這番發言，導致日本國內幾乎看不見紀念麥克阿瑟的設施或是紀念碑。原本打算為麥克阿瑟建造紀念館，也曾計畫在東京灣建造「麥克阿瑟燈塔」，以及在濱離宮境內建造與紐約自由女神像同樣大小的銅像，最後都未能實現。

少數的「紀念物」包含美軍厚木基地的銅像，和歌山縣美里町泉福寺的「麥克阿瑟元帥顯彰碑」（一九六七年〔昭和四十二年〕建立），以及一九四九年（昭和二十四年）的半身像復刻版。目前這個復刻版是於第一生命日比谷總公司的麥克阿瑟紀念室展示。

國語的民主化指令
「全面廢除漢字、改用羅馬字拼音」

美國在太平洋戰爭結束後，為了將帝國主義趕出日本，讓民主主義在日本紮根，推行了各式各樣的政策，其中一項就是「全面廢除漢字，全面改採羅馬字拼音」。其原因在於日本人耗費過多時間學習漢字，無暇學習國際社會的常識，致使全國上下出現愚民化的現象。對此原因表達贊同的日本便推動「國語民主化」的政策。

戰敗導致喪失自信，造成「學習障礙」

「書面日語是學習過程之中可怕的障礙。（省略）在初等教育期間，學生光是背誦與書寫這些文字，就得耗費不少學習時間。（省略）這些時間本該用於學習大自然、人類社會的基本知識，卻白白浪費於苦學這些文字。」

一九四六年（昭和二十一年）三月三十日「美國教育使節團」向聯合國最高司令官總

司令部（GHQ）總司令麥克阿瑟提出報告。使節團在調查不足一月之後，便提出「六三三制」、「男女共學」、「設立家長會」這類奠定現代日本教育制度的制度。

這份報告以「國語改革」為題，認為漢字是日本學習民主化所需知識的障礙，斷言應儘速予以廢止，改採表音文字的羅馬字。曾親眼見過日本人在戰場上何等「瘋狂」的美國人認為這份瘋狂源自漢字。

「採用羅馬字，或許可讓日本人多點時間思考吧」（《新聞周刊》〔*Newsweek*〕）。

「日語改採羅馬字拼音，就能拆除擋在東西之間的心理障壁，日本人也能因此一窺世界文學的寶庫，得到接受世界教育的機會」（《紐約先驅論壇報》〔*New York Herald Tribune*〕）。

全面廢止漢字，改採羅馬字拼音的政策源自美國人視日本人與日本文化於無物，一切只是美國人的剛愎自用。在這份報告頒布之前，有些日本人也提出相同的主張。一九四五年（昭和二十年）十一月十二日出版的《讀賣報知新聞》（読売報知新聞）就刊載以「廢止漢字」為題的社論。

「漢字是如何妨礙我國國民的智能發展的啊」、「日本的軍國主義與反動主義被巧妙地應用於妨礙智能發展上」、「漢字具有強烈的封建色彩」，簡直將漢字當成「戰犯」彈劾。

這些人認為民主主義與文字改革具有密切關係，「廢除漢字可進一步掃除我們腦中的封建思想」，遂主張採用羅馬字拼音。

「小說之神」志賀直哉曾發表採用惡名昭彰的法語作為國語的言論，在當時算是罕見（一九四六年四月，於雜誌《改造》刊載的〈國語問題〉〔国語問題〕）。據說志賀認為明治初期的英語國語化政策若能實現，「日本的文化應該早已一日千里吧。（省略）恐怕也不會爆發這次的戰爭」。

也提到「我覺得，日本此時此刻應改採這世上最優秀、最美妙的法語為國語」，只是志賀本身也不太了解這個「最優秀、最美妙」的法語吧。

中國文學家高島俊男表示戰後有種「日本的過去皆是錯，此次的敗北是文化上的敗北的氛圍，整個社會都籠罩在這股氛圍之下」（〈戰後國語改革的愚昧〉《所言甚是，但……別卷2》〔戦後国語改革の愚かさ；お言葉ですが…　別巻2〕）。

國語改革的爭論往往在「許多日本人對過去的日本失去信心，想要從頭來過之際浮上檯面。（省略）分別是在明治初期與昭和戰後這兩段時期」（前引）。

被譽為「郵遞制度之父」的前島密曾於一八六六年（慶應二年）以「漢字廢止之議」為題，建請將軍德川慶喜改以假名標記日文。一八六九年（明治二年）土佐的南部義籌則於《修國語論》（修国語論）首次提倡羅馬字國語論，首位文部大臣森有禮的英語國語化論也廣為人知。

「明治十六年（一八八三年），『假名的KUWAI』（かなのくわい）基於假名論組成，明治十八年，羅馬字會基於羅馬字論組成，後續又出現了羅馬字推廣會、日本羅馬字會、假名文字會」（野村敏夫《國語政策的戰後史》〔国語政策の戰後史〕）。

倡導羅馬字的物理學家田丸卓郎在《羅馬字國字論》（ローマ字国字論，一九一四年〔大正三年〕提出）「（因為漢字）作學問的日本人不知道吃虧了多少。（省略）最重要的是讓日文的書寫方式變得更加簡單」，這批判與美國教育使節團的報告幾乎如出一轍。

邁向表音化，製作當用漢字表

收到教育使節團的報告後，日本政府便積極推動全面廢除漢字，改採羅馬字拼音的政策。一九四六年（昭和二十一年）六月五日，日本羅馬字會與假名文字會（以推廣片假名橫書撰寫為目的）發表共同聲明，其中提到雙方將致力於全面廢除漢字的運動。

同月，文部省「國語審議會」的「漢字相關主查委員會」審議歷經四個月、二十三次製作的新漢字表。委員長為提倡全面廢除漢字、改採羅馬字的作家山本有三。

十一月五日，國語審議會將一千八百五十字的漢字表上呈文部大臣田中耕太郎之後，這份漢字表被視為是「漢字於法令、官方文件、報紙、雜誌以及一般社會應用的規範」，其中的漢字也被命名為「當用漢字」。

「當用」是山本力推的名稱，意思原本是「充作日常使用」，國語學相關人士卻理解成「在漢字全面廢除之前暫用」的意思。

當用漢字表與先行上呈的「現代假名注音法」在十一月十六日，作為內閣告示訓令公布。這項訓令對於一般國民不具強制性，但各報章雜誌被規定只能使用一千八百五十字之內的漢字，所以這項訓令的影響層面非常廣泛。

據說漢字的數量約有五萬字左右，日常使用的漢字雖只是一部分，但越來越多漢字被禁止使用後，詞彙也跟著變形，例如意為收受賄賂的「瀆職」的「瀆」不屬於當用漢字，因此得另造「汚職」一詞（阿辻哲次《戰後日本漢字史》）。

早期的假名注音都以「ha・hi・hu・he・ho」（はひふへほ）標註「wa・i・u・e・o」（わいうえお）這五個發音，但現代假名注音改成原音重現的表音標記方式，不過「bo・ku・wa・yama・e、itte・ki・o・kiru」（ぼくわ山え、行って木お切る）的「wa」（わ）與「e」（え）

則保留原有的「ha」（は）與「he」（へ）的標記方式，這也是與異議人士妥協之後的結果。（前引〈戰後國語改革的愚昧〉）。

當用漢字的字體在日後也變得簡略，目的在於盡可能減少筆畫，減輕學習的負擔，例如「國」簡化為「国」，「團」簡化為「団」，「眞」則簡化為「真」，但此時的簡略也造成現代對漢字的理解混亂。

示字旁的「社」在舊字體為「社」，但在當用漢字表裡的部首為「ネ」，與衣字旁的「ネ」極容易混淆，反而成為學習上的障礙。

國語改革被視為全面廢除漢字、改採羅馬字的過渡期措施，所以帶有急就章的缺點，也被主張「漢字為文化財產」的人們批評。慶應義塾的前塾長小泉信三與評論家福田恆存便對去蕪存菁之後的「國語」嚴加批判，也與改革派國語學家金田一京助、法國文學家桑原武夫激辯。

在國語改革的過程中，主要的研究機關為一九四八年（昭和二十三年）十二月創立的國立國語研究所（東京都立川市），負責的業務是文法、標記、方言研究與語言資料管理。所長影山太郎認為「日語常因省略過多而被認為是不合邏輯的語言，但這只是見樹不見林的見解。世界上約有六千種語言，文法類似日語的種類約佔百分之四十五，反觀與英語文法相近的語言僅佔百分之三十左右。日語絕非艱澀難懂的語言」。

由於表音派（漢字廢止派）長期在國語審議會佔上風，使得表意派（漢字擁護派）在一九六一年（昭和三十六年）三月的不滿大爆發，作家舟橋聖一等五位委員中途離席，也表明退出國語審議會。

文部大臣中村梅吉在一九六六年（昭和四十一年）六月十三日第八期國語審議會總會的開會致詞時提到「雖是理所當然的事，但國語應以漢字、假名混雜的方式標記為前提，力求現代國語平順易懂」，自此，國語標記方式以表意為主流，僅以羅馬字、假名書寫日語的主張也就此畫下休止符。

高島俊男認為「因為英文字母只有二十六個，就以為這樣比較方便優異的想法非常膚淺，西方的語言與漢字一樣，都必須背住幾千個單字才能學會」。

「語言不只是道具，而是一個種族，使用同一種語言的集團觀察世界、認識世界的系統」（前引〈戰後國語改革的愚昧〉）。

軼事

「羅馬字化」的活動捲土重來

即使到了現代，「日本羅馬字會」（京都市）仍推動日語羅馬字標記的啓蒙活動。目前「日本羅馬字會」是由於一九九〇年代提出「日語不改以羅馬字標記，日本文明將於二十一世紀滅亡」這類偏激言論的民族學家梅棹忠夫擔任會長。梅棹主張日語一大問題的同音異義字，改以羅馬字標記的表音方式之後將迎刃而解。

該會提倡的是「九九式」（於一九九九年製成，故取其名）的綴記方式。這種綴記方式沒有長音符號，所以「啤酒[10]」會標記成「biiru」（ビイル）。

10. 啤酒：日文為ビール，「ー」即為長音符號。

「金蛋」之下的眼淚
廉價的年輕勞動力

昭和三十年代是年輕勞工從各縣市農村湧入大都市的十年，也是特例的十年。當時是經濟高度成長，極端需求人力的時代，所以搭乘集團就業列車趕赴都市的國中畢業少男少女也被吹捧為「金蛋」。不過，等著他們的是中小企業的惡劣職場環境，被視為廉價勞工的國中畢業生只能在離職與挫折的惡性循環下苦苦掙扎。

被視為「國內殖民地」的農村

「只要肯做，沒有辦不到的。」這是被喚作老師的人一定會說的話吧。還眞是不知所謂

（省略）

做學問只需要時間與幹勁

幹勁，可由自己的內心而生
時間，沒有存款就沒有時間
看吧看吧！勞工啊，你們只是身體健康的家畜啊

——自永山則夫《無知的淚》（無知の涙）節錄

一九六八年（昭和四十三年）到隔年以手槍連續槍殺四人的永山則夫（已於一九九七年〔平成九年〕執行死刑）於一九六四年（昭和四十年）三月自青森的國中畢業，他也是前往東京，參加集團就業的「金蛋」之一。《無知的淚》是根據永山的獄中筆記寫成，其副標題為「獻給被視為金蛋的國中畢業生」。

永山一開始在澀谷的高級水果店就職，雖然工作很快就上手，卻總是不斷地換工作。永山是在一窮二白的家庭長大。昭和三十年代，國中畢業的集團求職者的共通之處就是源自貧窮與學歷的自卑。

不斷提供都市廉價的勞力作為資本的農村被當成「國內的殖民地」，遲遲無法擺脫貧困，這在來自農村的人心中留下「一個永難抹滅的裂縫，（省略）也烙下從根本討厭自己的稟性（天性）」（見田宗介《現代社會的社會意識》〔現代社会の社会意識〕）。永山

的事件無疑是代表這種心理狀態「已達極限」的寫照（前引）。

戰爭結束之後，農村人口過剩的問題隨即浮上檯面，在此之前，民眾為了求得溫飽與住處，從都市大舉移動至農村與漁村。此外，江戶時代以來的「次男、三男問題」也讓農村人口過剩問題更加嚴重。

為了避免田地因為繼承而拆散，農家一律由長男繼承，底下的兄弟必須另謀出路，不然就得「寄人籬下」甘作長男的傭人。即使外出工作，在戰前的時代頂多找到學徒或澡堂的三助[11]這類工作。長期以來，次男與三男「在家庭制度之中，都背負著淪為附屬品的宿命」（並木正吉《農村即將改變》〔農村は変わる〕）。

進入昭和三十年代後，高度成長的經濟在都市創造了不少的就業機會，於是人口從農村大幅回流都市。一九五〇年（昭和二十五年），從事農林漁業的勞工佔整體就業人口比例為男性四成、女性六成，五年後的一九五五年卻減少至男性三成多、女性五成左右，到了一九六五年更是銳減為二成與三成。

促使人口大幅遷移的原因之一是六三三制義務教育制度的延長。在這項制度之下，每

11.三助：負責幫忙燒熱水或是替客人搓背、沖洗身體等服務的工作。

年都會有許多十五歲的少男少女自國中畢業，而這些畢業生都可立刻投入職場，作為基礎的勞動力補充。在此之前，「畢業即就業」尚未形成常識。

由於景氣不斷向上攀升，時代也從一職難求的時期進入「賣方市場」的求才不易時期，但就業市場仍依學歷的高低與是否來自都會區嚴格劃分，例如大企業的白領階級通常是大學畢業生或部分的高中畢業生，即使要採用國中畢業生，也會因為公司宿舍這類成本考量，選擇來自都會或都會近郊的國中畢業生。

薪水與職場環境優異的大企業打從一開始，就拒其他縣市的國中畢業生於門外。反之，中小型企業則不受都會區的年輕人的青睞，也很難找到員工，因此產生了都市的中小型商店會、商工會與縣市職業介紹所、中小學校緊密合作的集團就業系統，藉此弭平上述的就業落差。

一般認為，集團就業是於一九五四年（昭和二十九年），東京世田谷櫻新町商店會徵求青森、秋田的國中畢業生開始（眾說紛紜）。緊接著勞工、地方政府、職業介紹所、國營鐵路公司攜手合創的集團就業列車就出發了。

對中小型企業而言，不需花費任何經費就能找到年輕勞工，能與同鄉的人一起工作這點也讓少男少女以及他們的父母親安心。

不過有些年輕勞工也抱怨「說是集團就業，但我們就像是貨物一樣，到了上野車站後開始卸貨」。

對都會生活滿懷憧憬，正值青春年華的少年少女在集團就業列車專用的上野站十八號月台（現在已取消）下車可說是當時春天特有的即景詩，但某位中學老師卻有下列感傷的回憶：

「到底是什麼原因讓負責集團就業的我如此難過呢？每次見到這個景象，都教我難過不已。（省略）『於A事務所就業的B君』、『於C公司就業的K子』，拿著小旗子的仲介人把人一個個帶走。嬌小的身體揹著大背包的模樣讓我越看越難過。有些人覺得這種一個跟著一個走的景象，就像是『現代的人口買賣』一樣」（遠藤彥次郎〈最後的集團就業列車〉（最後の集団就職列車」））。

龐雜的工作內容、惡劣的職場、自卑感

集團就業之所以會有極權主義的色彩，在於其原型的設計為戰時計畫經濟體制。一九三九年（昭和十四年）的「勞務動員計畫」規定從舊制小學畢業的勞工必須先向國營職業介紹所申請。在此之後，政府又以「高度國防國家不容許個人恣意選擇職業」這類理由，

決定勞動力的動員方向（山口覺〈從買賣人口到集團就業〉〔人身売買から集団就職へ〕）。

戰後，就業情況脫離谷底，到了一九五九年（昭和三十四年）由黑翻紅，一九六〇年之後更是一口氣陷入勞動力不足的局面。以應屆國中畢業生（男性）而言，每一位求職者在一九五九年有一點五個職缺可選，一九六一年成長至二點七八個職缺，一九六五年更躍升至三點五八個職缺。

此時的畢業生看似各方爭搶的金蛋，但真正想要他們的是「都會勞工不想做的商店服務業、輕工業與工作內容龐雜的製造業」（加瀨和俊《集團就業的時代》〔集団就職の時代〕）。主要的業種為酒屋（釀造、製造酒的零售店）與蕎麥麵店的住宿員工或是女中（於旅館服務的女性住宿員工）。「工作內容如此繁雜的職場無法提供員工安家立業的條件，尤其雇主通常只雇用國中畢業之後的單身期間＝十年的住宿員工」（前引）。

「拿三千日圓的月薪買日用品之後，就快看不起電影了。（省略）從早上六點到晚上十一點的工作實在讓人吃不消」（自小川利夫、高澤武司編著《集團就業的追蹤研究》〔集団就職　その追跡研究〕節錄）。

「偶爾會覺得這份單純到過分的工作很煩，但更讓我厭煩的是雙班制。原本我想做的是從早上八點到下午四點半的日班工作。冬天的早班時間是凌晨四點半，走在寒冷的夜空

下，點點繁星正冷冷地俯視著我」（自〈邊工作邊學的體驗〉〔働きながら学ぶ私の体験〕《青少年問題》一九六六年四月號節錄）。

企業的規模越小，上班時間就越長、越不規則，每個月只有一天休假的企業也比比皆是。住宿員工很少能有個人房間，更甚的有八個人擠在二坪的情況。若是在自營的商店服務，常常會被當用傭人使喚，吃不飽也不能多吭一句。縱使有想看的電視節目，也得顧慮老闆的家人而不能看。

集團就業年輕人交流社團「若根會」的加藤日出男會長提到「雇主也很想改善工作條件，但心中還存著另一個想法。（省略）那就是我們在員工這個年紀的時候更辛苦，生活更是有一餐沒一餐，所以覺得自己已經善待員工了」（《證言・高度成長期的日本（下）》〔証言・高度成長期の日本（下）〕）。

從當過學徒的雇主與戰後才接受教育的年輕人對於工作的想法有非常明顯的落差，尤其國中學歷的勞工也因無法進入高中就讀這點而受到自卑感的折磨。昭和三十年代集團就業的相關報導有許多令人無法忽視的內容，例如「啊，真想去學校讀書，好想穿上令人羨慕的制服」、「大部分的勞工少年都痛恨因為貧窮而無法升學的自己」。

惡劣的工作環境、身處社會底層的自卑感、對未來的不安都讓他們無法待在同一個工作，有許多年輕人與永山則夫一樣不斷地換工作。在一九六二年（昭和三十七年）於員工人數低於三十人的小型企業服務，結果不滿一年就離職的比例上升至男性三成與女性二成。當時的城鄉差距比現代更為明顯，有些年輕人也因為無法適應生活環境的差異選擇離職。於沖繩縣從事計程車業的Y先生曾在沖繩回歸本土之前，搭乘集團就業船前往名古屋的汽車企業就業。

他提到「我一年多就辭職了。我實在受不了那麼冷的冬天，而且沖繩的餐廳到了十點多之後都還開著，名古屋那邊的店卻在八點之前就關了。下班後找不到東西吃，只好吃泡麵度日」。

也有不斷換工作，最後誤入歧途的年輕人。當時的大人總是告誡年輕人「離職是誤入歧途的開始」，鼓勵年輕人就算不滿，也要刻苦工作。這就是「新金次郎主義」。流行歌曲也多為描述當時普羅大眾心情的作品。昭和三十年代前半的流行歌曲常以「難以放棄」、「自暴自棄」、「怨恨」、「憤怒」為主題（歷史學研究會《日本同時代史3》）。

「需才孔急的雇主以為自己『小心翼翼地』對譽為『金蛋』的年輕人愛護有加，但充其量是把年輕勞工看成『有幹勁的家畜』，希望他們咬著牙工作而已」（前引《現代社會的社會意識》）。

軼事

撫平寂寞的社團組織

讓隻身遠赴他鄉，在都會嘗盡孤獨的年輕勞工有歸屬感的是提供年輕人交流的組織或社會團體，其中最為有名的集團就業年輕族群社團就是「若根會」（一九五九年〔昭和三十四年〕創立）。若根會負責經營集會場所的「根之家」，也創立了出版社「根之文庫」。

創價學會青年部也為憤世疾俗的社會底層青年提供充滿宗教色彩的「有價值的人生」，組織也因此急速擴張。共產黨的青年組織民主青年同盟（民青）也透過圖解的方式說明階級差異，也讓不少年輕人心生嚮往。

全體勞工的輓歌
三池工會鬥爭至上的誤算

一九五〇年代，以石油為主角的能源革命致使煤礦業夕陽化，產量減少、大幅裁員已是避無可避的命運，礦工陣營也因此群起抗爭。當時的主戰場是業界龍頭企業與最強工會（勞工工會）爆發衝突的三井三池煤礦（福岡縣大牟田）。一九六〇年（昭和三十五年）雖進行了稱為「資方與勞方全面的鬥爭」的大爭議，但工會在這場爭議敗北，之後便進入高度成長與勞資協調的時代，三池爭議可說是「鬥爭、社會革命型」勞工運動的挽歌。

「向坂教室」主導、展現實力

雨夜是淒涼的
盯著煤斗直至天明
無言的你圍坐在火邊

想要送到溫室的是
肚圍、棉襖、蛋酒

在三池礦山採到的煤礦都會運載到面向有明海的大牟田市三池港，再搬到停泊在港口的運煤船上。港口的北側有注入有明海的諏訪川，港口與諏訪川之間有一處三川坑坑口。過去曾有棟用來貯藏煤炭的大型水泥建築物矗立於此，而這棟建築物被暱稱為「煤斗」。

一九六〇年（昭和三十五年）七月，約有二萬名勞工與一萬名警官在這裡對峙。受過軍事訓練的勞工在這裡挖掘壕溝、建造小木屋、設立糾察隊（避免資方雇用其他勞工操作設備），將現場打造成要塞。雙方一旦爆發衝突，一場形同內亂的流血戰役將無可避免。這就是三池爭議最緊張，最危險的「煤斗攻防戰」。

開頭的歌曲名稱為〈三池主婦的搖籃曲〉（三池の主婦の子守歌），作者是荒木榮，這位荒木榮是三井礦山三池製作所的機械工，也留下許多如〈加油吧〉（がんばろう）的勞工之歌，可惜年僅三十八歲就英年早逝。現在這裡只剩空蕩蕩的空地，絲毫看不見煤斗的痕跡。距離這裡北方一公里遠之處曾有座捨石山，現在已改建為「大牟田市煤炭業科學館」。於科學館負責企劃業務的中野浩志提到「舉辦爭議五十周年企劃展的時候，有許多長輩都有參與意見，但現狀是，三十歲以下的人，幾乎都不知道三池爭議」。

一九六〇年當時，三井礦山是業界的龍頭，除了三池礦業所，在九州也有田川、山野礦業所，北海道則有蘆別、美唄、砂川這幾處礦業所，其煤炭產量佔全國總產量的百分之十五，其中的三池是最大的礦山。從明治到大正時期，三池集治監（監獄）的囚犯曾被迫來到三池煤礦的宮原坑服勞役，所以這裡也因為惡劣的工作環境被稱為「修羅坑」。戰前的煤礦業總讓人有種資本家壓搾勞工的色彩。

戰後的一九四六年（昭和二十一年），擁有一萬六千名會員的「三池煤礦工會」成立。這個工會最初屬於勞資協調型的穩健組織，所以被譽為「沉睡的獅子」。

一手將三池工會培養成奉信鬥爭至上主義的激進集團的是，來自大牟田的馬克思經濟學家向坂逸郎。原是九州大學教授的向坂從一九四七年（昭和二十二年）開始舉辦「向坂教室」講座，將馬克思與列寧的社會主義思想灌輸給工會成員。

一根腸子通到底的礦工以階級鬥爭理念形成理論武裝[12]，工會也如同「向坂的小孩」般，被帶向絕不妥協的強硬路線。於日後爆發的三池爭議也被認為是向坂一手主導的「社會主義革命的實驗鬥爭」，該指導也被批為「視野狹窄」。

一九五二年（昭和二十七年），三池工會針對薪水問題執行空前的六十三天罷工（六三罷工），也轉換成戰鬥型的工會。隔年五三年八月，又因資方準備裁減一千七百名員工而實施一百一十三天的罷工運動，也成功迫使裁員一案撤銷。由於這次爭議的勝利屬於全體勞工，所以又被稱為「無名英雄的一百一十三天奮戰」，三池工會的成員曾多達二萬名，君臨全日本工會的頂點。

不過，這場歷經一百一十三天爭來的勝利卻成為「破滅的起點」。「三池工會取得一百一十三天罷工的勝利後，簡直就像是取得天下般奢侈，對外則是廣邀中小商店組成革新商店聯盟，藉此支配中小商店，動不動就以『如果沒有三池工會撐腰的話……』出言恐嚇這些商店」（宮村真澄《三池爭議的軌跡》〔三池争議の軌跡〕）。

三池工會鼓勵成員拒絕加班與要求加班費加成，也獎勵成員舉辦「批鬥大會」，對課長、課員這類公司的職務分配制度實施鬥爭，同時以「生產控制」為名，實施怠工或產量限制運動。這是「固定薪資者的工作量越少，越是划算」的黑白不分的想法。

為了平均分配薪資「較佳」的工作，工會僭越職權，擅訂每日工作內容的「輪番制」與採用退職勞工子弟的「取代採用制」也堂堂成為一種「慣行」。

12.理論武裝：準備各種理論，支持自己的立場、主張或抵擋別人的批判。

分裂、慘敗……進入勞資協調的時代

正當三池工會沉醉於「勝利的美酒」之際，能源供給已從「煤主油從」轉換成「油主煤從」的模式，煤礦業也陷入水深火熱之中。

一九五二年（昭和二十七年）至一九五四年年底，礦工從三十七萬人銳減至二十七萬人，近兩百處中小型煤礦礦坑廢止。面臨連續赤字困境的三池礦山決定透過大量裁減人員與整頓勞務環境提升生產率。

一九五九年（昭和三十四年）十二月十一日，公司通知工會，將有一千二百九十七名員工被指名解雇[13]，其中約有三百名為工會成員，公司將他們視為「妨礙業務者」，將放逐他們的舉動定義為煤礦重生的焦點。隔年六〇年（昭和三十五年）一月五日，三池工會駁回解雇通知，執行階段性罷工。同月二十五日，公司實施鎖廠（Lockout），工會也即日宣布無限期全面罷工，形成勞工運動史上的空前「死鬥」。

此次的爭議並非單方面的勞資之爭，雙方的背後各有日本勞動工會總評議會（總評）與日本經營者團體聯盟（日經聯）撐腰。勞方於此次三池爭議動員了三十萬人次，約耗費了六億五千萬元的資金，據說資方也投入了一百億元應戰，簡直就是一場全體勞工與全體資方的「代理決戰」。

罷工期間，資方的產量是零，勞方的收入也是零，雙方形同進入耐力賽，只是有不少得養家活口的勞方懷疑單靠工會的資金與募款能撐多久。高喊「公司倒閉，三池煤礦也不會倒閉」的工會幹部也因階級鬥爭至上主義而飽受批評。緊接著三月十七日，從約一萬四千五百人的三池工會脫離的三千一百多名批判派工會成員另組新工會（第二工會），新工會於同月二十四日與資方簽訂新協定後停止罷工，公司也要求新工會開始工作。同月月底，企圖入坑工作的第二工會成員與阻止他們入坑的第一工會成員爆發衝突。

忿忿不平的第一工會稱第二工會為「叛徒」，幾場鬥毆過後出現不少輕重傷者。這場爭議彷彿日後的新左翼暴力內鬥，也傳出第一工會成員被黑社會成員刺殺的事件。

「頭被割得滿臉是血的人、失去意識，被送到醫院的人。（省略）簡直就是哀鴻遍野的人間煉獄」（《讀賣週刊》〔週刊読売〕一九六〇年四月十日號）。兩個工會的對立也波及勞工的家族。第二工會成員的妻子與小孩被第一工會成員的家人惡言相向，甚至被「洗衣霸凌」（以一群人圍成漩渦狀，毆打被包在漩渦中心的人）。

13. 指名解雇：解雇特定員工之意。

四月初，第一工會於三川坑的煤斗設立糾察隊，徹底佔領此處。只要佔據這裡，即使第二工會的成員挖出煤礦，也無法將煤礦運載至船上，形同產線停止，為此公司向福岡地方法院申請排除障礙的假處分，地方法院也決定執行以七月二十一日為期限的假處分，煤斗也因此成為決定爭議結局的「關原[14]」。岸信介內閣因安保鬥爭[15]下台後由池田勇人內閣取代，新內閣的石田博英勞動大臣為阻止流血事件，於七月十九日向中央勞動委員會申請職權斡旋[16]，工會與警官的三萬人「大混戰」才得以急踩煞車。

八月十日，向勞資雙方提出斡旋案，中央勞動委員會指出「解雇特定員工是必要之惡」、「部分鬥爭已超越正常勞工運動的範圍」，工會就此徹底敗北。

九月八日，日本煤礦工會認同斡旋案，後續三池工會也跟著接受，十一月一日提出就勞[17]宣言，歷經二百八十二天的爭議總算平息。「三池工會的心境就像是接受『波茨坦宣言』一樣吧」（前引《三池爭議的軌跡》）。

爭議結束後，向坂不斷宣稱「三池工會尚未失敗」、「三池工會如怒濤般前進的日子即將到來」。二十四年後的一九八四年（昭和五十九年），新工會成員達三四六一人，三池工會只剩三百三十二人，形成十比一的懸殊比例，最後於二〇〇五年（平成十七年）四月十日解散之際只剩下十四人。

軼事

一九六三年發生戰後最嚴重的煤礦意外

一九六三年（昭和三十八年）十一月九日，三川坑發生煤塵爆炸意外，四百五十八人罹難，八三九人一氧化碳中毒，也是戰後最嚴重的煤礦意外。一九六〇年的爭議結束後，「敗方」的三池工會（第一工會）的勞工常被當成打雜的使喚，也遭受各種歧視。一說認為，這影響了礦坑現場的安全管理，也成為此次事件的導火線。

三井三池礦山與一九九七年（平成九年）三月底封山，三井礦山則於二〇〇九年（平成二十一年）四月改名為「Nippon Coke & Engineering」，核心業務也轉換成製造與銷售煤炭乾餾物的煤焦。

14. 關原：關原之戰的場所。德川家康於此役取得統治天下的權力，因此此戰也被譽為決定天下的戰爭。
15. 安保鬥爭：反對美日安保條約的大型示威運動，最後造成內閣總辭。
16. 職權斡旋：發生勞資糾紛時，以勞動委員會的會長職權斡旋。
17. 就勞：開始工作之意。

奧林匹克運動會的東京改造
整頓原本貧弱的都市基礎建設

一九六四年（昭和三十九年）十月十日起的兩週內，亞洲首屆奧林匹克運動會在東京舉辦。這是日本史上首次的世界級大型活動，對於都市交通與生活環境諸多問題的東京而言，這也是一次千載難逢的大改造。總投資金額約為一兆日圓（以國家稅收比較後，約為現在的三十三兆日圓），其中直接用於大會的費用只有百分之一，其餘皆用於整頓都市基礎建設。

道路、上下水道、堆積如山的課題

「一九五〇年代初期（昭和二十年代末期）的東京面臨人口急增、都市膨脹，卻來不及整頓都市基礎建設的問題，都市計畫的專家對此憂心忡忡」（越澤明《東京都市計畫物語》〔東京都市計画物語〕）。

於安保鬥爭結束的一九六〇年（昭和三十五年）七月上台的池田勇人內閣喊出「所得

倍增」的政策之後，「政治的季節」結束，高度成長的「黃金十年」正式啟動。這股向上躍升的力量早從五十年代就緩緩積累。

東京都內的汽車登記數量在一九五二年（昭和二十七年）為十二萬台，到了一九五八年（昭和三十三年）突破四十萬台，進入一九六二年（昭和三十七年）更成長為翻倍的八十萬台。突如其來的汽車社會讓道路的整備措手不及，都心地帶也時不時出現慢性塞車現象。

一九五五年（昭和三十年）十二月，被譽為「首都高速公路之父」、行事風格果斷的前內務官僚山田正男被請來東京都，擔任都市計畫的最高負責人。山田提出東京都心地帶的交通將於一九六五年完全癱瘓的「昭和四十年危機說」，鐵路也陷入刻不容緩的情況。隨著郊區人口增加，從外部進入都心的國、民營通勤電車都擠得乘客彷彿要窒息。

除了交通之外，像氣球膨脹的「大東京」可說是問題叢生，例如水就是一大問題。多摩川水系的淀橋淨水場（現在為都廳所在地的西新宿一帶）對於自來水的供給瀕臨極限，常常陷入缺水狀態，因此計畫於一九六〇年擴建從江戶川引水的金町淨水場，增強供水能力。

不過一九六三年（昭和三十八年）與奧林匹克運動會舉辦的六四年都出現異常的降雨不足現象，不得不常常斷水與分區停水。作家小林信彥曾寫下「這個夏天的東京陷入異常的水荒。不管是之前還是之後，我從不知道如此缺水。這讓我一提到奧林匹克運動會的那年，就想起當時斷水的景象。（省略）『東京沙漠』這個刺耳的詞彙也是於此時」（荒木經惟《私說東京繁昌記》）。

當時處理汙水、水肥的基礎建設也非常粗糙。東京區一帶的下水道普及率直至一九五一年（昭和二十六年）為止，只有百分之十左右，一九五七年（昭和三十二年）總算上升至百分之二十。但只有舊市區的普及率較高，澀谷區在一九六〇年只有百分之六的普及率，新市區的普及率更是明顯低落。大部分的屎尿都以戰前的方式處理，不是以水肥車載到東京灣倒掉，就是運到郊區，供農家施肥之用（自上山和雄〈東京奧林匹克運動會與澀谷、東京〉《東京奧林匹克運動會的社會經濟史》〔東京オリンピックと渋谷、東京；東京オリンピックの社会経済史〕節錄）。

當時生活環境之惡劣，是現代的東京所難以想像的。「狹窄的道路擠滿了烏煙瘴氣的汽車之外，街頭巷尾到處是震耳的噪音。鬧區與住宅區隨處可見亂丟的垃圾，惡臭隨之撲鼻而來。」（前引）。即使是現代已整治完成的隅田川在當時也被排放工廠的廢液與汙水，不斷竄出硫化氫這類有毒氣體，散放著如雞蛋腐壞的惡臭。基於「這會丟臉丟到國外」的想法，針對奧林匹克運動會設計的「撲滅蚊子與蒼蠅運動」正式推動。除了保健所與清潔公司之外，町內會的一般市民也幫忙撈除水溝的汙泥、打掃公共廁所，每家每戶也收到廁所專用藥劑。

東京都從一九六二年（昭和三十七年）十月開始，將每月十日訂為「首都美化日」，呼籲都民參與町內大掃除。從奧林匹克運動會開幕之前的一個月到閉幕的這段期間也推動了「道路、公園、河川美化運動」。澀谷區也提出「培養無愧於奧林匹克運動會的公民道德」這類口號。

該區也於大會前後時期，採取特別的水肥處理措施，例如於大會舉行時期，盡可能不清運水肥，垃圾也從早上八點開始收。「儘可能不讓為了奧林匹克運動會來觀光的客人看到水肥清運與收垃圾的模樣」（前引〈東京奧林匹克運動會與澀谷、東京〉）。

「之所以針對大會進行都市改造，最大的理由在於中央政府還是地方政府都會認同僅限大會舉行期間的基礎建設投資」（前引《東京都市計畫物語》）。

重生的街道、被犧牲的景觀

一九五九年（昭和三十四年）五月決定舉辦奧林匹克運動會之後的幾年，大部分的國民對奧林匹克的興趣意外低落。ＮＨＫ曾於舉辦的前二年進行問卷調查，發現只有百分之六十八的人知道將在東京舉辦，「贊成舉辦」的人只有百分之三十八（自關口英里〈東京奧林匹克運動會與日本萬國博覽會〉〔東京オリンピックと日本万国博覧会〕《東京奧林匹克的社會經濟史》節錄）。民眾是在舉辦當年才開始關注奧運。儘管民眾「不感興趣」，東京改造工程仍日以繼夜推行。「許多人在回顧東京於戰後四十年的變貌時強調，東京最明顯的改變是在東京奧林匹克前後時期出現。（省略）不斷翻新東京的土地，陸陸續續創造新的街區」（鹽田潮《東京燃燒了嗎？》〔東京は燃えたか〕）。

當時最被重視的項目是道路整頓計畫。一九六〇年（昭和三十五年）十二月，首都圈整備委員會將急需整頓的道路定為「奧林匹克相關道路」。一般道路總計三十條，全長約七十五公里，投入一千零七十億日圓整頓（前引）。尤其環狀七號線（穿梭於馬込與板橋區本町之間的道路，全長為十五公里）以及青山通（放射四號線、國道二四六號線）的預算高達四百四十億日圓，接近整體費用的一半。

環七線之所以備受重視在於奧林匹克選手村的預定地為埼玉縣朝霞町（現為朝霞市）的駐日美軍營地「德雷克營」（キャンプ・ドレイク）。由於選手村距離大會主場地非常遠，勢必得建造一條通往都心地帶的大動脈幹道。雖然選手村最後落腳於代代木美軍住宅地「華盛頓高地」（ワシントンハイツ），但這條道路仍依當初的計畫建造。

連接主會場與第二會場駒澤公園的青山通則是將路寬擴建為翻倍的四十公尺，路旁的商店被迫遷移，建築用地也大幅削減。

從昭和初期就位於表參道十字路口北側面臨青山通的山陽堂書店，雖然在道路拓寬之際得以原址保留，但整間建築物還是被削掉三分之二，只剩下前方的門市。該店第四代的遠山秀子提到「早期的青山通是鮮魚舖、肉舖、酒舖於兩側路旁林立的商店街，也是民眾的生活居處。雖然道路施工時，有就近設置臨時用地，但似乎有老客人幫我們說了幾句話，山陽堂書店才得以原址保留。門市雖然變小，但很慶幸能留在原地」。

首都高速公路一號線至四號線被定位為從羽田機場載運選手與工作人員到會場的路線，這幾條路線也在大會開幕之前完成。為了節省徵收土地的時間與費用，這些路線採取通過河川、既成道路、公園這些公有地上方的高架道路設計，不過四號線支線因通過日本橋上方而引來惡評，不少人也認為這種設計忽略了景觀。

小林信彥將東京改造計畫稱作「抹殺市鎮」計畫。「一批判就被劈頭大罵『保守主義者』的氛圍讓我感到不安。（省略）我沒辦法乖乖歸順『反對者即為非國民』這種言論，拒絕離開的釘子戶在當時被孤立，也被視為狂人」（前引《私說東京繁昌記》）。

都市計畫家越澤明也批評綠化都市、美化都市的公園道路、行道樹都為了「興建首都高速道路而被破壞」。

當時有幾位作家對於因奧林匹克而進行大改造的東京留下下列的感想（出自《東京奧

運・文學家眼中的世紀祭典》（東京オリンピック　文学者みた世紀の祭典〕）。

獅子文六：「這番改造，簡直讓東京成了外國。（省略）就像是窮人在帝國飯店舉辦結婚典禮。」

遠藤周作：「家被拆掉，四處都在施工，東京因此成為大型垃圾場。」

小田實：「唯一看得出來的是，與奧運有關以及無關的地方，產生了明顯的差異。前者是重金打造的超近代建築物與道路，後者卻依舊是佈滿碎石的碎石子路。」

「從奧林匹克運動會結束之後的十一月開始又有三千處的道路重新鋪挖，造成整個東京都坑洞連連，更糟的是，當時的首都高速道路只有部分開通，導致與首都高速道路連接的一般道路越來越堵塞，東京就此罹患名為交通堵塞的慢性病」（《昭和二萬日的全記錄・第13卷》〔昭和二万日の全記録　第13卷〕）。

軼事

四成相關資金投入新幹線

在奧運相關費用的一兆日圓之中，有三千七百億日圓是與大會、改造東京無關的東海道新幹線建設費用。雖然計畫在發表時受到不少反對，最後還是趕在奧運開幕前夕開通。

東京奧林匹克運動會是史上首次以衛星直播的方式，向全世界播放的大會。ＮＨＫ也趁著處理這次海外播放事宜的機會，從千代田區內幸町遷至華盛頓高地，再於二萬五千坪的國有地建設現在的播放中心。ＮＨＫ與民營電視台合計的開幕式收視率高達百分之八十四點七，奧運也進入電視轉播時代。

走向未來都市的「民族大遷徙」
參觀、排隊、大阪萬博

一九七〇年（昭和四十五年）大阪千里丘陵出現一座未來都市，那就是日本萬國博覽會。日本萬國博覽會在為期半年的展覽期間留下入場人次高達六千四百萬人次的紀錄，對於成功振興戰後經濟的日本人來說，這無疑是一場浩大的慶典，但另一方面也有「不過是影像與音響的展覽會」的批評，也因洶湧的人潮被譏諷為「殘酷博」。

受歡迎的館場最久得等四至五小時

參與萬博（萬國博覽會）的團體高達二千四百九十九個，來自國外的包含外國政府團體七十六個、國際組織四個、政府辦公室一個、州政府六個，日本國內的部分則包含日本政府以及地方公共團體與民間企業，在三月十五日到九月十三日共一百八十三天的展覽期間，入場人次共計六千四百二十一萬八千七百七十人。

不管是參與的國家數量或是入場人次都勝過最高記錄的一九六七年蒙特婁萬國博覽會（六十二國參與、入場人次約五千萬人），直接的經濟效應達七千億日圓（估一九七〇年國民總生產毛額百分之一），間接的經濟效應據估高達一兆五千億日圓（古川隆久《皇紀、萬博、奧運》〔皇紀・万博・オリンピック〕）。

佔地約一百萬坪（約三三〇公頃。據說是八十三個甲子園球場的面積）的萬博會場約是人口四十二萬至六十萬人的都市面積。根據有機都市代謝派（Metabolism）的建築概念打造的嶄新造型的展館（共一一六館）、日後於東京巨蛋應用的空氣膜構造或是其他的最新技術都令當時的日本人嘆為觀止。

各館競相以巨大影像、多影像、大音響呈現「未來」。多種見所未有的刺激讓每個來賓大為驚豔與感動。

住在大阪府池田市的白井達郎收集了一萬多件的萬博周邊商品，將自家打造成萬博博物館，他提到「我當時還是高一生，去的時候非常興奮。各國展館、影像、食物、沒見過的外國人，一口氣體驗了好多沒體驗過的事。當時趁暑假的時候在會場裡的餐廳打工，也順便參觀了所有的展館。排隊一點都不辛苦，全部都是快樂的回憶」。

每人平均入場次數為二點七次，所以實際入場人數（排除外國人）約為二千三百一十六萬人，這等於日本人每四點二人，就有一人來過萬博。雖然大部分的人都住在能當天往返的地區，但有百分之三十五點八的人是住宿過夜的外地人。此外，約有八百三十萬人是特地從遠地趕來，整體來看，就像是一場「日本民族大遷徙」。

雖然萬博給人大排長龍、人潮洶湧的印象，但開幕之初的人潮非常不踴躍，這或許是受到連日創紀錄低溫、開幕前一天下雪以及只有關西在地人覺得興奮的原因所影響吧。

不過，學校放春假之後，參觀者就漸漸增加，過了五月之後，就確定總入場人數可突破五千萬人，到了暑假之後，入場人數更是爆發性的成長。

受歡迎的展館總是在開場後就大排長龍。展示月之石（阿波羅十二號帶回來的物品。十一號帶回來的資料雖多，卻有問題）的美國館最有人氣，最久得等到四至五小時才能入場。參觀者習慣一開場就往最有人氣的展館衝去，當時這副光景也稱為「水牛衝刺」。

最為醒目的參觀者是學校或農協的團體客，佔整體參觀人數的百分之二十四點五。也有許多團體是搭夜車，宛如行軍般趕來參觀，因此抵達時已人倦馬疲。當時還是不習慣個人旅行的時代，所以有不少大人「迷路」，也有人跑到服務台問「〇〇農協的集合地點是？」「我的宿舍在哪裡？」

某個農協團體在五個多小時之內，參觀了十五處展館，這等於每二十分鐘去一館，平均每館只花九點七分鐘逛完，真可說是「走馬看花」（《日本萬國博覽會官方紀錄》〔日本万国博覧会公式記録〕）。

以萬博為小說舞台的作家蓮見圭一提到「其他的人也去了，所以我家也跟著去。或許我這種跟風式的參觀者就是典型的萬博客群吧」（〈大阪萬博的那個時候——戰後還在呼吸．這個國家還是團結的〉〔大阪万博のあのころ——戦後がまだ息づいていた　この国がまだひとつだった〕）。

這般光景在外國人眼中很是詫異。在某次意見調查後，得到下列的意見。

「我覺得日本人只是為了收集紀念戳印與簽名才來的。是『為了來而來』。對展覽毫無興趣」、「百分之八十的人只是走馬看花」、「獨自參觀的時候很有禮貌，團體參觀的時候卻莫名地失禮」（串間努《夢幻的萬國博覽會》〔まぼろし万国博覧会〕）。

建築與美術，前衛藝術的實驗

萬博是建築技術與藝術的實驗空間。美術的部分有設計太陽之塔的岡本太郎與橫尾忠則參與，企劃的部分有科幻作家小松左京，建築家則有設計會場的丹下健三與黑川紀章、磯崎新，音樂的部分有音樂家武滿徹、流行時尚部分則有Junko Koshino（小篠順子），每一位都是赫赫有名的大師。

不過擠進會場的群眾無法悠哉地欣賞這些最前衛的技術或藝術，根據當時的問卷調查，每位參觀者平均停留六個小時半，其中有四個小時半在排隊。原本預測總入場人數為三千萬人（開幕之前已修正為五千萬人），每日理想入場人數為二十萬人，結果開幕後，所有月份的每日平均入場人數超過二十萬人，如將計算範圍放大至整段展覽期間，每日平均入場人數多達三十五萬人，遠比預估的理想入場人數多出一點七五倍。

閉幕前最後一個星期六的九月五日，紛紛湧入的參觀者讓未來都市出現空前的「人口大爆發」。當時的星期六只上半天班，所以到了下午，參觀者就如洪水般擠進會場。

當天創下萬博史上最高單日參觀人次的八十三萬五千八百三十二人，一時之間，每平方公尺有兩人擠在裡面，參觀者就像擠在客滿的電車裡面，無法參觀、無法移動、無法坐下，什麼也不能做（前引《夢幻的萬國博覽會》）。

下午五點過後的夜間參觀人次也創下三十萬五千八百九十八人的新紀錄，回程的人數遠遠超過鐵路的運載能力，使得有些參觀者想回家也回不了家。即使超過了十二點，仍有五萬人還無法回家，四千人則被迫留在會場直到天亮。

「我採訪的女招待（當時是如此稱呼會場的服務生）回顧當天直呼『真是太可怕的一天了』、『一整天都看不見地面，有些女招待去會場外面吃飯就回不來了』」（前引〈大阪萬博的那個時候〉）。

這種擠死人的狀況被戲稱為「殘酷博」，而萬博的主題「人類的進步與調和」也被改成意在譏諷的「忍耐與長蛇[18]」。

由於隔天是星期天，主辦方預估入場人數會繼續攀昇，所以對入場人數加以管制，但仍有七十八萬三千六百八十二人入場參觀。一般認為，若是放任入場，恐怕會超過一百萬人。

有許多人冷眼看待這場狂潮。萬博舉辦的一九七〇年也是美日安保條約自動延長的那一年。隨著一九六八年，全共鬥[19]展開反安保鬥爭，也出現「萬博是安保的煙幕彈」這類反對萬博的聲浪。

萬博開幕前一年的一九六九年八月七日，越平連（祈求越南和平！市民連合）的市民

18. 忍耐與長蛇：忍耐的日文為「辛抱」，與進步的日文發音接近，長蛇則與調和的發音雷同。
19. 全共鬥：全學共鬥會議的簡稱，指的是一九六八至六九年，在日本爆發的學運。

在大阪城公園舉辦為期五天的「反博（反戰的萬國博覽會）」。
舉辦期間，也有不少質疑展覽方式的聲音。當時的日本館完全不展出明治時代到現代的內容，將昭和時期的戰爭當成「不曾發生的過去」。地方政府的展館所展出的原子彈爆炸、戰爭的展覽品，也在未取得作者同意的情況下被下架。主題館原本要展示原爆的照片，卻因為政府抱怨而未能展出。

萬博結束後，也出現了嚴苛的批評。「基於企劃者、設計者的無心之過，日本的都市建設有多麼貧乏全縮影成萬國博覽會」、「如洪水般的電子音樂、前衛音樂成為新公害」、「不管是真藝術還是假藝術，都打著藝術的名義魚目混珠」（《建築雜誌》一九七〇年十一月號）。

不過萬博一定是烙印於戰後史的「事件」。小松左京提到「萬博讓人覺得戰爭真的結束了」（自《懷念的未來「大阪萬博」》（なつかしき未来「大阪万博」）節錄）。

讓人聯想「光明未來」的萬博成為時代的一大分水嶺，日本在此之後進入低成長的時代。於展覽期間被評為藝術價值極低的太陽之塔，也在不知萬博為何物的世代之間重獲好評。二〇一七年也施以耐震補強工程，據說也準備開放一般民眾入內參觀。

軼事

可使用的「一九四〇年萬博」入場券

想必大部分的人都知道，東京奧林匹克運動會原本要於一九四〇年（昭和十五年）舉辦，其目的是為了慶祝紀元二六〇〇年，但其實原本也打算在東京舉辦「日本萬國博覽會」。最後雖然兩者都因為二次世界大戰開戰而未能舉辦，萬博卻只是「延期」而未停辦。

日本戰敗後，舉辦萬博的可能性變得極低，也退錢給購票的民衆，但主辦方估計還有許多票券流落在外，於是於一九六六年決定，一九四〇年的萬博入場券可於一九七〇年的萬博使用。參觀者若持舊版入場券進場，驗票口會先蓋章與退票，再給予特別入場券，當時也的確發出三千零七十七張特別入場券。

自由！婦女解放運動
「女強人」告發父權社會

一九七〇年（昭和四十五年），向父權社會說「NO」的婦女解放運動高舉旗幟。與傳統婦女解放運動不同的是，這次的婦女解放運動非常「激進」。這些自由鬥士提出過去被視為禁忌的「性」，拒絕成為男性眼中的「女性」與男主外、女主內的思維。這些「女強人」雖然屢遭中傷，卻開出一條女性得以自力更生的道路。

公然討論「性」，前路險阻重重

歷史上的某一天被訂為日本婦女解放運動的「生日」，那就是一九七〇年十月二十一日的國際反戰日。這天夜裡，東京銀座出現一群戴著頭盔，前方舉著「蛤？像女人是什麼意思？」布幕的女性團體。

約一百名（也有約二百名的報導）的年輕女性拿著「告發內在的女性意識！」、「貫徹避孕教育！」、「媽媽，結婚真的就能得到幸福嗎？」的牌子高喊「女性解放！鬥爭勝利！」同時組成蜿蜒的人龍上街抗議。

在全共鬥運動的最盛時期裡，示威抗議本是家常便飯，但由女性發起的抗議卻是第一次。基於稀奇，這次的婦女解放運動被大眾媒體爭相報導，也因此廣為人知。當時有些年長者認為這些女性「氣焰囂張」、「很不檢點」，也有老人向遊行隊伍揮打拐杖。

在此之前二個多月的八月二十六日，全美各地配合女性獲得參政權五十周年紀念，發起以女性解放為訴求的大規模集會遊行，紐約的第五大道也站滿示威遊行的女性。

一九六〇年代，女性解放運動在黑人公民權運動、越南反戰運動的推波助瀾之下變得聲勢浩大，於美國小姐選美大會鬧場、燒胸罩抗議或是其他激烈的抗議活動也連帶得到相當的關注。

婦女解放運動在一九六〇年代至七〇年代這段期間席捲先進國家，主要的原因在於「工業化催生出茁壯的中產階級」、「於六〇年代興盛的激進主義」、「女性本身的資訊網擴張」（藤枝澪子〈女性的戰後史97．婦女解放運動〉〔女の戦後史97　ウーマンリブ〕《朝日Journal》一九八五年二月二十二日號）。

催生大量中產階級的工業化社會仍有「平等只是口號，女性即使擁有相同的學歷與證照，也無法得到與男性平等的待遇」這類現象，「中產階級的女性當然會要求這種矛盾的現象得到改善」（前引）。

帶領日本婦女解放運動的當然是中產階級的高學歷女性。她們曾參加學生運動與新左翼運動[20]，但高喊「革命」、「革新」的左翼仍難以拋棄男尊女卑的頑固思想，這些女性對於左翼的夢想也隨之幻滅。

在解放運動即將爆發之際，有位充滿領袖風範的人物出現，她就是田中美津這位個性鮮明的女性，創立團體「群起抗爭的女性」的她也是當時婦女解放運動的領頭羊。一般認為，她在一九七〇年八月所寫的傳單「來自廁所的解放」成為「日本婦女解放運動的紀念宣言」（上野千鶴子《「女人」的思想》〔「おんな」の思想〕）。這張傳單處處可見「在男人眼中，女性特有的母愛＝母親或性慾處理機＝廁所」這類偏激的言論。

田中認為這些有利男性的規範源自家父長制與一夫一妻制，也主張「家父長制的『家』正是阻礙女性經濟獨立的根本原因」、「只有強迫女人接受一夫一妻制，家父長制的結婚制度才得以成立，本質上，女人的解放就等於性的解放」（〈Eros 解放宣言〉〔エロス解放宣言〕）。

在這個時代，女性公然討論性是驚天動地的大事，大眾媒體多為冷嘲熱諷的報導，保守人士則表示極為厭惡。

在解放運動者舉辦的雜誌座談會上，一開頭編輯部就以「大家都是與鬥士形象相去甚遠的柔弱女子（笑）」問候（《週刊朝日》一九七〇年十一月十三日號）。也有人以「婦女解放運動不過是一群醜女心裡的不平衡」惡意中傷，顯見當時的女性觀。

婦女解放運動者除了被「歇斯底里的女人」、「性冷感」（《SANKEI週刊》〔週刊サンケイ〕）這類字眼中傷，也被寫成「男人負責創造，女人負責守護」、「男女本來就各有職責」、「否定自然道理的婦女解放運動毫無道理」（《主婦與生活》〔主婦と生活〕）。

也有「女性必須負責結婚、懷孕、育兒、家事，負擔比男性來得沉重，所以（職場的）待遇不得不比較低。（省略）也不要妄談什麼性的開放」（谷貞信、淑德短大教授）這類迂腐的意見或是被「內容貧乏的劣質品（省略）幼稚、低級、令人不悅的言行舉止」（女性史研究家村上信彥）這類字眼人身攻擊。

「自己選擇生存之道」的時代先驅

基於「日本可說是被『大家都一樣的美學』支配的社會，也是不願同步就被殘忍排除

20. 新左翼運動：一九六〇年代，以激進的革命為號昭，由大學生、研究生與青年勞工組織的左翼政治運動。

的社會」（前引〈女性的戰後史97・婦女解放運動〉）的理論，企圖破除性禁忌的婦女解放運動者當然會遇到強烈的阻撓，但覺醒的女性也加速度展開活動。

距離一九七〇年十月二十一日國際反戰日的「首次登場」三週多的十一月十四日，以「告發性歧視」為口號的婦女解放運動首次集會在東京舉辦，從高中生到六十幾歲都覺得「只有女性的會場充滿著熱情與團結感」，相關的討論也持續了七小時之久（秋山洋子《婦女解放運動私史筆記》〈リブ私史ノート〉）。隔年一九七一年（昭和四十六年）八月二十一至二十四日，第一屆婦女解放運動集訓在長野縣信濃平舉辦。「從十幾歲到四十幾歲，從北海道到九州，約有三百多位女性集結於此。基於『連小孩一起帶來』的呼籲，有許多女性抱著孩子來參加」（西村光子《女人共同體》〈女たちの共同体〉）。

執掌事務局的田中美津呼籲「連為自己發聲都不行的我們實在太悲慘、太難堪，一切得從我們自己開始改變，總之，先試著為自己說話吧」，與會人員在現場討論了職場歧視、墮胎、育兒、老人問題以及各種議題（林郁〈推動婦女解放運動的烈女〉〈ウーマンリブ事始めの烈女たち〉《朝日Journal》一九七七年三月二十五日號）。

一九七二年（昭和四十七年）九月，「婦女解放運動新宿中心」成立。設於大樓一隅的中心是婦女解放運動的據點，婦女解放運動者在此製作手冊與傳單，也提供法律、避孕、墮胎、離婚相關的諮詢。此外，也於各地興建只供女性入住的集體住宅，除了資訊、運動中心之外，也提供生活諮詢的功能。

五月，第一屆婦女解放運動大會在中心成立之前，先於東京都大田區舉辦。這個時期，婦女解放運動著眼的一大主題為優生保護法的修正案。政府認為將來的少子化問題將導致勞動力不足，所以希望刪除人工墮胎條列裡的「經濟理由」，同時希望增列胎兒若有重度障礙，即可施行墮胎手術的條例。

對此，婦女解放運動者反問「日本有這麼富裕嗎？」也以「生不生由女人自己決定」作為反對修正運動的口號，但這個口號被身心障礙團體批為「等於容許殺害身心障礙者」，後來才進一步修正為「重點是營造利於生產的環境」。

修正案雖然被撤銷，但作為女性掌控自己身體的手段之一的口服避孕藥「Pill」卻因此得到關注。一九七二年六月，由榎美沙子擔任代表的「反對禁止墮胎法，要求避孕藥解禁的女性解放連合」（中避連）成立。

中避連成立「不讓女性躲在被窩裡哭泣會」（一九七四年），同時讓會員戴著粉紅色頭盔，闖入外遇對象的男性的職場，這種表演也「被媒體徹底當成婦女解放運動的戲劇化象徵利用」。由於被媒體大幅報導，一提到婦女解放運動就會聯想到中避連，不過有許多婦女解放運動者紛紛批評這類表演，認為「那才不是婦女解放運動」。

一九七五年（昭和五十年）的國際婦女年是婦女解放運動的一大分水嶺，因為之後就慢慢進入不具新左翼激進色彩的女權主義與女性學的時代。

一九九二年（平成四年），主旨為提升女性議員比例的「全國女權主義者議員聯盟」成立，身為共同代表的日下景子（神奈川縣議會議員）提到「聯盟的活動雖與婦女解放運動沒有直接關聯，但現在的年輕人未能延續解放運動這點，令人感到遺憾。那是女性振聾發聵的時代，希望這樣的女性能越來越多」。同為共同代表的片山 kaoru（かおる，小金井市議會議員）也提到「為職業婦女預備保育室的是婦女解放運動世代的人，是她們讓我們知道自己的主體性」是婦女解放運動的「遺產」。

「婦女解放運動給當時為各種壓抑所苦的女性一條活路」（樋熊亞衣〈超越「婦女解放運動神話」〉（「リブ神話」を超えて」）、「婦女解放運動發現『父權社會』與『男人的理論』。（省略）婦女解放運動讓原本聽起來輕浮的『女人』一詞，成為普通的字眼」（三木草子〈婦女解放運動的成果與現在〉（ウーマンリブの成果と今」）。

軼事

「我是負責烹調的人」的廣告引人非議

在婦女解放運動推動的抗議行動之中，包含對國、民營鐵路月台禁止使用嬰兒車的抗議、對韓國買春團的抗議以及抗議輪椅禁止進入美術館的「蒙娜麗莎噴漆事件」。

一九七五年（昭和五十年），電視泡麵廣告裡的女性說出「我是負責烹調的人」，男性說出「我是負責吃的人」，這兩句台詞被視為「有鼓吹男女性別分業[21]的嫌疑」，「發起行動女性會」對此展開抗議，廣告也於播放之後的兩個月停止播放。

21. 男女性別分業：男女各有職責的意思，例如男主外、女主內這類言論就是典型的代表。

「一億人一同觀戰」淺間山莊的槍戰現場
影像的力量改變新聞報導

一九七二年（昭和四十七年）二月十九日，以獵槍為武器的偏激派「聯合赤軍」成員佔領長野縣輕井澤町保養所「淺間山莊」，並且挾持了人質。警察展開包圍、犯人被射殺、搶救人質的影像以及十天之內的攻防，全部由電視實況轉播，也讓所有國民釘在電視前面，累積收視率達空前的百分之九十八點二。這次的事件也具體證明即時影像的威力。

警察應付輿論的媒體策略

警察展開攻堅行動救出人質的二月二十八日早晨，輕井澤的氣溫下降至零下十度的低溫。包圍山莊的警官約一千五百人，之後支援的攻堅部隊有一百二十五人。為及時搶救傷者，現在共有四名醫師、七名護士、十八名救護人員待命，也準備了八台救護車、三台醫療直升機。前往「戰場」採訪的媒體陣仗約一千三百人，其中有十六間報社、二十間電視台、廣播局、十六家雜誌社。各家電視台紛紛於高處架設攝影機，以俯角拍攝山莊的玄關，上空也有十二台採訪直升機盤旋。攻堅作戰預定於早上十點開始，ＮＨＫ從九點四十分開始現場轉播後，民營電視台也紛紛跟進，日本電視史上「最漫長的一日」也揭開序幕。

事件發生之後，立刻於現場實況轉播的前日本電視主播久能靖（皇室記者）回顧「攻堅作戰當天，我人在距離山莊玄關五十公尺左右的位置，我聽到子彈打在附近樹枝的聲音。若吃得太飽，聲音會出不太來，所以我沒吃早餐，也沒喝水。原以為中午左右就會結束，沒想到這場轉播從早上九點五十五分一直持續到下午六點四十五分才結束，結果就是累得又渴又餓」。

聯合赤軍是一九七一年（昭和四十六年）七月，新左翼共產主義者同盟赤軍派中央軍與日本共產黨革命左派神奈川常任委員會（京濱安保共鬥）人民革命軍合併組成。

赤軍派除了與一九七〇年（昭和四十五年）挾持班機「yodo 號」（よど号）之外，前往巴勒斯坦的成員自稱日本赤軍，以「世界同時革命」為號召，發動數起恐怖攻擊事件。按理說，提出「反美愛國」口號的京濱安保共鬥的革命理論與赤軍派不合，但赤軍派曾因襲擊金融機關而獲得大筆資金，京濱安保共鬥則曾從槍支專賣店搶得大批獵槍與彈藥，所以雙方人馬可說是「錢與槍」的結合。

兩派人馬從一九七一年十月開始，在山梨、群馬縣的山中實施「軍事訓練」。收到消息的警察展開大規模搜山，於隔年一九七二年二月十七日逮捕最高層幹部森恒夫與永田洋子。剩下的成員則趁著與警察槍戰之際逃走。同月十九日，五名成員入侵淺間山莊，挾持山莊管理人的妻子當人質。在此之前，這五名成員已以「清算」之名，殺死了十二名同志。

當時的後藤田正晴警察廳長官下達三項指令，第一項是「一定要給我救出人質，這是最優先的目的」，第二項是「要活捉犯人，讓他們接受公平的判決」，第三項則是「事事小心謹慎，不許有任何警官犧牲」（久能靖《淺間山莊事件的真實》〔浅間山荘事件の真実〕）。

這個時代的媒體與輿論較同情學生運動，對警察則多有批判，即使面對的是持槍的歹徒，射殺犯人的警察還是有可能會被檢討，於是警察除了想辦法拯救人質與逮捕犯人之外，再來就是擬訂媒體策略。

警視廳除了派出機動隊抵達現場，也命令公關部隊馳援。「地方警官的氣勢都很不錯，但都還不太習慣。（省略）媒體策略是行不通的啊。警視廳已經習慣了」（《情與理．後藤田正晴回憶錄》〔情と理　後藤田正晴回顧録〕）。

警察先展開「動之以情作戰」，找來人質以及犯人的家人，讓這些家人出現在電視上，也讓收看的人陷入焦急。過沒多久，警察果然接到「要用來福槍瘋狂射殺人質」這類電話。

此時報紙也開始以「輿論無法寬恕的暴徒」、「精神異常的烏合之眾」這類嚴苛的字眼描述犯人。「許多人收看的時候，都希望能早一步將這些凶暴的年輕人繩之以法。他（她）

們對於遲遲不展開行動的警隊很不耐煩」（坪內祐三《一九七二》）。

警方的著眼點是延後攻堅行動可讓輿論「熟成」。根據久能對當時任職長野縣警本部長的野中庸的採訪，攻堅行動原定二月二十七日發動，但開會的時候，警察廳的幹部提到「二十七日是星期天，沒有能報導的晚報」，所以改成隔天的二十八日。

當時警察對於延期的說法是基於天氣，但久能認為「可從中一窺警方希望大眾媒體完全為自己所用的打算」（前引《淺間山莊事件的真實》）。

超過十小時的實況轉播、收視率達百分之九十八

當時的淺間山莊是槍林彈雨的採訪現場，記者與攝影師無法像平常一樣，直接確認現場的狀況，透過電視螢幕觀看的國民也一樣，所有資訊都僅止於警察發表的一切。

管轄現場的輕井澤警署設置了「採訪中心」，並且命名為「聯合赤軍事件輕井澤警署特設記者俱樂部」。「應各社要求，臨時加設一支警察電話、二十二支電話，同時提供暖氣與茶水」（長野縣警警務部教養課《旭之友》〔旭の友〕）。

記者會固定於早上八點、十一點、下午二點、四點、八點、十一點舉辦，一天總計六次。新聞媒體要求警方告知部隊的裝備、配署方式、警犬的數量、姓名、山莊的隔局以及其他

資訊。「負責聯絡的警察宛如陀螺般，在警備實施、公關、裝備、情報、補給、教育訓練這些組繞來繞去，收集需要的資訊」（前引《旭之友》）。

攻堅作戰前一天的二月二十七日，電視台、廣播局承諾作戰開始之前，不會報導相關內容。這是有史以來最大，共有五十二家公司參與的報導協議，連週刊雜誌都參與協議也是首例。

協議的內容連作戰結束後，攝影師、記者進入山莊採訪的順序都詳盡記載。「即使時間迫切，所以是不得不的處置，但警方連協議的內容都規定的一清二楚，似乎有點做得太超過」（〈「淺間山莊」的電視報導〉《綜合新聞學研究》〔「浅間山荘」のテレビ報道；総合ジャーナリズム研究〕）。

二十八日上午十點發動攻堅作戰後，受到聯合赤軍頑強抵抗的警方有兩名警察殉職，也陸續抬出傷患，似乎要陷入長期作戰的情勢。為了突破火線，警方以鐵球破壞山莊的構造，也灌水或施放瓦斯彈，此時的現場幾乎與戰場無異。

螢幕裡的「戰鬥場面」讓國民看得無法自拔。家電賣場的電視機前面擠滿了人潮。「在當時，不管是大人，還是剛懂事的朋友，沒有人完全沒看過這場實況轉播，說得誇張一點，所有日本人都看過這些畫面」（前引《一九七二》）。

二〇一四年（平成二十六年）九月公開的《昭和天皇實錄》（昭和天皇実録）也有天

皇從「下午兩點到晚餐之前」都在看電視的實況轉播。

「這簡直就是沒有劇本的連續劇，不對，那股電視劇拍不出來的魄力緊緊將民眾拉在電視機前面。人質的性命、犯人的結局，每個人都感受到現場傳來的戰慄感與懸疑感」（《電視視聽的三十年》〔テレビ視聴の30年〕）。

原訂轉播至中午的實況轉播直接延長為特別節目。NHK方面，除了稍微被六分鐘的一般新聞中斷之外，其餘的十小時三十四分鐘全部都在實況轉播，民營電視台也拿掉廣告，實況轉播至晚上七點左右（人質約是在晚上六點十五分救出）。這是史上最長的實況轉播紀錄。

各電視台綜合累計收視率在中午之後達百分之八十三點七，相關節目結束的晚上七點過後達到空前的百分之九十八點二，簡直就是只要有打開電視，就是在看這場現場轉播。平均收看時間為六小時五十八分鐘，等於所有的家庭打開電視就沒關掉。南日本放送電視台針對鹿兒島市內的主婦進行調查後發現，回答「看過節目」的人為百分之九十點九，收看時間超過「八小時以上」的人有百分之六十八點三（前引〈「淺間山莊」的電視報導〉）。

淺間山莊事件的實況轉播對事件、意外的報導造成相當的衝擊。即時影像那股如排山倒海般的臨場感，強烈地動搖了民眾的情緒。久能提到「隔天，各家報社雖然都以大篇幅報導，卻絲毫不具臨場感。這讓我感受到電視畫面的訴求力有多強。在這次現場直播之前，大部分的電視報導都只追著報紙的屁股跑。但是進入電視時代之後，電視新聞也跟著改變了」。

當時也有認為影像媒體很危險的批評。「看過那場現場轉播的國民（也就是觀眾）或許會有想發動集團式恐怖攻擊的衝動，也很擔心『快射殺這些可恨傢伙』，這類凌遲暴徒的思想深植國民腦海」（青山學院大教授清水英夫，《POST 週刊》〔週刊ポスト〕一九七二年三月一）。

軼事

傷害被害者的過度報導

為期十天的「攻防戰」對人質和其家人、親戚的身心造成嚴重傷害。他們的情緒受到長期作戰的波及而變得不穩定，也有親戚亢奮地說「我們已經做好覺悟，快點結束就好」（《旭之友》）。

事件結束後，大眾媒體傷害了被挾持的被害人。採訪的部分問答被曲解成被害人「同情犯人」、「不懂感謝」，週刊雜誌的立場也急轉直下，刊登批判被害者的報導，據說被害者還收到一般民眾寄來的恐嚇信。也有報紙為了取得「獨家報導」而在被害者的病房偷裝竊聽器。

平成篇

波斯灣危機引發「意料之外」的迷航
被美國強索的「金錢與汗水」

一九九〇年（平成二年）八月二日，伊拉克軍隊入侵科威特，由歐美主導的國際社會不斷要求撤軍，但屢屢遭伊拉克拒絕。這就是所謂的「波斯灣危機」。隔年一九九一年一月十七日，由美國領軍的多國部隊攻擊伊拉克軍隊，遂發展成「波斯灣戰爭」。其間，美國要求日本支援資金與派遣自衛隊，提供「具體可見的貢獻」。之前未曾仔細討論戰後憲法、自衛隊以及身為經濟大國該有哪些國際貢獻的日本不知該如何看待這突如其來的事件。

因太少、太遲而重擊日本

從伊拉克入侵科威特起算的第十二天，也就是一九九〇年八月十四日早上，日本首相海部俊樹接到美國總統喬治・布希（George Herbert Walker Bush）的電話。日本已決定經濟制裁伊拉克，但美國總統卻進一步要求日方的協助。

布希提到「日本若能派出掃雷艦與補給艦，就能起到示範作用。讓全世界徹底了解日本服膺美國是非常重要的大事」。

海部回答「日本將盡可能提供協助。但軍事上的援助與憲法牴觸，需經過國會討論，也有『國是』的問題，實在困難重重」。

（自國正武重《波斯灣戰爭的轉捩點》〔湾岸戦争という転回点〕節錄）。

自衛隊自從成軍以來，未曾派至國外。根據憲法九條的解釋，自衛隊的職責是「專守防衛」，就算是支援盟國，自衛隊也未曾因軍事理由外援。日本首相海部暫時拒絕了美國總統的要求，但美國卻反過來施加前所未有的高壓。

當時是日本泡沫經濟的頂盛時期，日本企業不斷併吞美國的企業與收購不動產，日美貿易摩擦頻傳。

日本的原油有七成來自波斯灣地區，所以美國議會對於「不流血」卻能坐享經濟利益的日本越來越不滿。「日本搭乘美日安保條約順風車」的言論一時間甚囂塵上，美國社會充斥著「日本應負起該承擔的責任」的氛圍。

在美國與國務、國防省相關人士會談的外務省北美局審議官丹波實於八月二十九日回報「日美雙方的認知有相當且深刻的落差」。稱為「丹波備忘錄」（丹波メモ）的報告送交首相海部、財務大臣橋本龍太郎組成的政府中樞審閱後，三十日，日本政府發表對波斯灣地區的多國部隊援助十億美元的計畫。

九月七日，美國財政部長布雷迪（Nicholas Brady）訪日，以「不能空手而回」為由，要求日本進一步的金援。日本政府在九月十四日決定對多國部隊增援十億美元，以及對捲入紛爭的的周邊國家金援二十億美元，但還是被批「Too little Too late」（太少太遲）。美國就此認知「日本是抽一鞭動一下的國家」。

之後，美國不斷要求「日本國旗」於波斯灣地區飄揚。自民黨、外務省的部分人士也傳出「不流血、不流汗，日美關係將陷入危機」的意見。當時被認為「實質握有政權」的自民黨幹事長小澤一郎也提出自衛隊作為多國部隊一員時可外派的「集團安全保障理論」。與國家遭受攻擊便允許行使武力的「個別的自衛權」對應的是「集團自衛權」，但集團安全保障卻是放棄個別的自衛權，派遣軍隊參與聯合國軍隊＝世界警察之意。

小澤幹事長等人以「協助聯合國維和任務不違背憲法九條」的理由強烈要求海部首相派遣自衛隊。首相表示難以同意之外，內閣法制局也認定此舉「違憲」，不過小澤幹事長又根據一九六一年（昭和三十六年）內閣法制局長官林修三的國會答辯，主張此舉並未違憲。

當時林長官的答辯是假設「國際警察軍」成立，自衛隊參與或協助是否違反憲法仍有商討空間。

波斯灣危機當時的外務省幹部回顧「聯合國軍隊純粹是烏托邦式的理想，絕對不可能成軍，因為不管是哪個國家，都不可能將自己國家的年輕人是否上戰場的決定權交給聯合國，連考慮都不會考慮，多國部隊則可由國家自行判斷是否派遣軍隊，但受限於憲法的日本絕不可能派兵參與」。

到了九月下旬，外務省提出「聯合國維持和平活動協力法」的草案。外務省的想法是派遣非武裝的一般公務員作為「維持和平協力隊」，而不是派遣自衛隊，同時這支隊伍直接聽命於首相。若派遣的是「平民」就不違反憲法九條。

但現實的問題是，除了自衛隊以外，沒有任何組織能執行這類任務，於是政權也如失控的飛機，朝著自衛隊外派的方向翻滾。

放棄外派自衛隊與釋憲

海部首相簽署聯合國維持和平活動協力法的一九九〇年九月十四日，官房副長官石原信雄將備忘錄寄給防衛廳，主要的內容是「維持和平協力隊的核心為自衛隊」、「穿的是協力隊的制服，薪水則由自衛隊支付」、「身分可切換成一般公務員或是以兼任、兼務的方式執行任務」、「可攜帶只為防護自身安全的武器」、「不修訂自衛隊法」（前引《波斯灣戰爭的轉捩點》）。

防衛廳以「未經修法或釋憲的情況，無法派遣隊員」為由，對聯合國維持和平活動協力法提出質疑，也以「放棄自衛隊身分，就無法操作艦艇或飛機」的主張，與認定「維持和平協力隊為平民」的外務省展開激烈辯論。

在外務省與防衛省展開激烈的攻防戰之際，海部首相於九月二十日親自向自民黨四長[1]說明協力隊由自衛隊組成的方針，首相與小澤幹事長也於會談過後同意，於十一月通過協力法。

時序進入十月，外務省「委託業務」的方式，請自衛隊以艦艇、飛機載送協力隊，接著與防衛廳完成協商，同月六日，雙方同意「海上、航空自衛隊以接辦業務的方式載運協力隊。陸上自衛隊則解除職務，以平民的身分參加協力隊」的說法。

但自民黨內部傳出反對「委託業務」一詞的意見。九日，海部首相與小澤幹事長等人協商後，撤銷委託業務的說法，回歸自衛隊員兼任協力隊員的「兼任制」。

十月十二日，小澤幹事長以及其他三長要求海部首相針對自衛隊參加聯合國軍隊一案釋憲，護憲派的首相遂被黨團排除在外，由黨團推動釋憲。

對此，內閣法制局堅持這種解釋違憲，怒不可遏的自民黨政務調查會長加藤六月也大罵「一直反對的話，乾脆罷免法制局局長」。

在野黨在國會也追究「這項法案是為了違憲的集團自衛權與海外派兵開路」。自民黨方面，除了鴿派人士之外，鷹派的前文部大臣藤尾正行也以「明明是動搖日本國本的問題，為何非在黨內尚未充分討論就倉促行事呢？」反對，即使同為鷹派，自民黨大老與小澤幹事長這些「不知戰爭為何物的世代」的憲法觀也有所差異。

反對自衛隊外派的運動也逐漸熱絡，全國各地都出現由勞工或市民團隊組織的反對外派集會與遊行，不過有些市民的心境卻很複雜，因為他們覺得「感情上反對自衛隊外派，但經濟大國不該只是花錢了事，還有該挑起的責任」。

十月三十日，自民黨員幹事長金丸信以「說到底，自衛隊的職責在於防衛，其根本在於監控中國或鄰近國家的一舉一動」為由，強烈要求撤回法案。十一月五日，海部首相與

1. 四長：幹事長、總務會長、政務調查會長、選舉對策委員長。

小澤幹事長在會談後同意廢除法案。

如此一來，日本無法提供「具體可見的貢獻」。隔年一九九一年一月十七日，多國部隊對伊拉克發動代號為「沙漠風暴」的作戰行動，隔日，海部首相發表支持行使武力的意見。同月二十四日，日本政府決定對多國部隊增援九十億美元（一兆一千七百億日圓），遠高於過去的援助額度。

此時日本的援助金額為所有國家最高的一百三十億美元（後來又因日幣貶值，被要求多增援五億美元）。戰爭結束後，科威特在美國報紙刊載對美國以及其他三十個國家的感謝，但是花大錢支援的日本卻不在其中，「波斯灣的心理陰影」也成為日本外交史上的一大敗績。

政治學家中西寬認為波斯灣危機讓日本成為「受到外力逼迫才會對國際有所貢獻的國家」，也提到「日本是一個能援引先例，迅速反省過去教訓的國家，但在面對意料之外的情況時，一旦基本方針錯亂，就無法立刻作出反應」（〈波斯灣戰爭與日本外交〉〔湾岸戦争と日本外交〕）。

另一方面，首相宮澤喜一也提到「所有國民也因這次波斯灣危機了解，除了貢獻『金錢』之外，也應該付出『汗水』，也讓國民更加了解日本人也是國際社會的一分子」（《戰後政治的證言》〈戰後政治の証言〉）。

軼事

得到軍資援助的美軍零負擔

日本於波斯灣戰爭支出的援金後來以增加舉債、菸酒稅、石油稅這類增稅手段彌補。據說美軍在波斯灣戰爭耗費的軍費為三百五十億美元，但來自各國的援金卻高達五百四十億美元，這等於美國不僅沒花半毛錢，還多出一百九十億美元進帳，而且美軍於波斯灣戰爭使用的武器、彈藥幾乎都是冷戰時期的軍備，早就有報廢與銷毀的打算。

此外，日本於戰爭爆發之後援助的九十億美元（一兆一七千億日圓）之中，美國使用了一兆五百億日圓，只有六億二千六百萬日圓交到科威特手中。

泡沫經濟過後的廢墟
狂亂、陶醉中突然的「戰敗」

一般認為，泡沫經濟是於一九八六年（昭和六十一年）十二月至一九九一年（平成三年）二月出現，歷時四年三個月的經濟現象。雖然無法正確掌握在這段期間虛漲實消的財富總額，但估計超過一千兆日圓，當時的國民也因為即將「戰勝」而歡天喜地，樂不可支，完全沒想到樂極必然生悲。突然被告知「戰敗」後，剩下的只有野火燒剩的殘骸與廢墟。

渡假村法、地方政府背負巨債

一九九〇年代，兵庫縣淡路島津名町（現稱淡路市）因來自全國各地的觀光客而熱鬧非凡。這座沒什麼特別觀光資源的小鎮之所以能引來人潮，全因「一億日圓的金塊」。一九八九年（平成元年）三月，竹下登內閣推動了「故鄉創生事業」，全國三千零五十九處的市町村都得到一億日圓的補助，津名町則以這筆資金購入金塊，並放置於史料館，供一般民眾參觀。

金塊差不多是成年男性體重六十三公斤，在當時是全日本最大的金塊，也是世界首見的大小。開放參觀之初，涼亭式的小小史料館一連幾天都湧進約一千五百人的參觀者，不僅門口大排長龍，停車場也停滿遊覽車。

淡路市地域振興課長原田安暢提到「若是現代，一定會笑說『這有什麼好看的啊』，但當時是泡沫經濟的時代，人人都有種莫名的亢奮感」。

金塊是以一億日圓為擔保，向製造公司租借，二〇一〇年（平成二十七年），黃金價格上漲，要繼續租借就必須追加保證金，所以津名町於同年五月將金塊還給製造公司，現在展示的是於木頭模型表面貼金箔的復刻品。

在長達二十一年的展示期間內前來參觀的觀光客達三百七十七萬人次，原田課長提到「旅館業、餐廳都在這段時間賺到不少錢。現在的津名町雖然回歸平淡，但已經是全國通曉的地區，就地方振興事業而言，應該算是成功的了」。

不過，津名町只是鳳毛麟角的成功案例。根據日本經濟新聞這類報社的調查，在中央政府撥出一億日圓之前就已經構思事業計畫的市町村只有百分之六點一。

「部分的市町村地方政府根本沒有想法，只等著國家或縣政府給予方向。（省略）進入經濟高度成長期之後，許多地方政府習於仰賴國家下撥的資金與按照國家規劃的藍圖發展事業，完全忘記該怎麼以自己的創意開拓事業」（一九八九年二月二十三日號《日本經濟新聞》社論）。

結果各市町村絞盡腦汁想出來的「創意」，就是模仿津名町的「金塊」，打造純金鱺魚或是純金的木芥子，或是挖溫泉、舉辦大相撲大會，購入超高級的鋼琴、日本最長的石階、溜滑梯，最大型的大鍋、慶典，全部都是一次性消費的活動，一億日圓就如吹入砂地的霧氣，頃刻煙消雲散。

一九八七年（昭和六十二年）六月，綜合保養地域整備法，俗稱渡假村法通過，這項法案為了延後全國各地的大型渡假村開發案，而於法人稅、空地稅、事業所稅[2]給予減免。若是由地方政府與民間企業共同出資的第三部門[3]（The Third Sector）經營渡假村，可向國家貸得無息或低利率的貸款。

渡假村法的目的之一是讓各地方政府共享泡沫經濟創造的利益，對積弱不振的地方經濟而言，這簡直是「久旱逢甘霖」，也是地區振興的王牌。只可惜，這項法律最後成為將日本國民拖向「泡沫經濟戰敗」深淵的「國家總動員法」。法律實施之前只有三百多間公司為第三部門，法律實施之後，短短十年就激增至一千三百間。

「只要是與渡假村開發有關的事業，國家都願意貸予資金。日本的國土要全面開發成渡假村不需耗費太多時間。由國家指定為適用渡假村法的地區全國四十一道府縣與四十二地區，總面積達國土的百分之二十，如果這不算是異常現象，什麼才是異常現象呢？」（伯野卓彥《自治體危機》〔自治体クライシス〕）。

泡沫經濟破裂後，各地區的第三部門便無以為繼。二〇〇一年（平成十三年）二月十九日，經營宮崎市大型渡假村「SEAGAIA」（シーガイア）的第三部門「Phoenix Resort」（フェニックスリゾート）依會社更生法申請破產，負債總額是第三部門成立以來，史上最高的三千二百六十一億元。

於一九九三年（平成五年）開業的「SEAGAIA」是第一個以渡假村法開發的地區，也是耗資二千億日圓的「巨艦」渡假村，一如大和戰艦的沉沒，SEAGAIA的破產也象徵著日本經濟政策的失策與失敗。

二〇一三年（平成二十五年），全國的第三部門、地方公社約有七千間，其中有四成的

2. 事業所稅：用於整備、改善都市環境的稅金。
3. 第三部門：第一部門為公部門，第二部門為私部門，第三部門為法人、基金會或非政府組織這類事業單位。

經營狀況出現赤字，無償債能力的團體也有三百五十間之多。大部分的地方政府都背負巨債，二〇〇七年（平成十九年）也出現北海道夕張市這類財政破產的「敗戰自治體[4]」。

投資土地、股票、名畫，四處亂竄的熱錢

一九八九年（平成元年），東急不動產於千葉市綠區明日見丘開發與銷售超高級住宅街「One Hundred Hills」（ワンハンドレットヒルズ），每間房子都有五百至一千坪，建坪則為一百二十至二百坪，幾乎每一戶都附帶游泳池。當時共有四十九戶以五億至十五億日圓的「泡沫經濟價」售出，致使被諷刺為「千葉利山莊」（チバリーヒルズ），猶如美國的高級住宅區「比佛利山莊」。

不過，有超過一半的住宅沒有售出。據說十年後，這裡的售價因為不動產的價格崩盤而下殺至四分之一，即使到了現在，仍擺脫不了「泡沫經濟的遺跡」這個惡名。

據說在泡沫經濟頂盛時期，東京二十三區的總地價可買下整個美國。這種「地價飆漲」的現象雖然異常，但基於「土地絕不會跌價」的信仰，當時的日本人仍四處購買不動產，一如沒來由地相信「日本絕對不會戰敗」而開戰。

某項調查指出，首都圈的住宅用價格在一九八七年（昭和六十二年）五月到達顛峰，但在十一年之後，千代田區、中央區、港區這東京都心三區全部下修至五分之一的價格。

與土地一起讓日本人陷入瘋狂的還有股票。一九八七年二月，NTT（日本電信電話）股票於東證一部上市，上市價格定為一百六十萬日圓，到了四月，來到創紀錄的三百一十八萬日圓，當時的每位股民都認為「股票與土地一樣會持續上漲」，「泡沫經濟的宴會」說是此時才開始也不為過。

一九八九年（平成元年）十二月二十九日，日經平均股價來到史上最高的三萬八九一五日圓，一般認為，這就是日本經濟的最高峰，任誰也無法想像股價會在九個月後的一九九〇年（平成二年）十月一日，下砍兩萬日圓，跌至攔腰斬斷以下的價位。

當土地與股票都已炒至飽和的高點，熱錢便開始四處亂竄，其中之一的去處便是名畫。據說於一九八七年至九〇年輸入日本的外國美術品佔全世界交易金額的一半以上，在一九八七年之前，日本的美術品市場僅為二千億日圓的規模，一九九〇年卻膨脹至一兆五千億日圓（系井惠《尋找消失的名畫》〔消えた名画を探して〕）。

4. 自治體：地方政府之意。

一九八七年三月，安田火災海上保險（現稱日本損保）標下梵谷的「向日葵」，也因此蔚為話題，因為競標價格來到美術品史上最高的五十八億日圓左右。大昭和製紙（現稱日本製紙）的名譽會長齊藤了英斥資二百五十億日圓標下梵谷與雷諾瓦的畫後，便大放厥詞地說「這些畫（我死掉之後）幫我放入棺材一起燒掉」，日本人的傲慢之極也引來全世界撻伐。

二〇〇一年（平成十三年），日本的美術品市場萎縮至低於十分之一的規模，諸多名畫都於此時被「清倉大拍賣」，賣回國外市場，曾經擁有的日本人不過是支付了超貴的「租借費用」（前引《尋找消失的名畫》）。

另一個被熱錢炒高的是高爾夫會員證。一九八七年，東京都小平市小金井鄉村俱樂部會員證的行情高達三億三千萬之外，超過一億的「億萬鄉村俱樂部」也有十三處。最瘋狂的時候，小金井的會員證甚至要價四億四千萬日圓，億萬鄉村俱樂部也增至三十處，但到了一九九五年（平成七年）便全部消風，小金井的會員證於二〇一二年（平成二十四年）年底跌至五千萬日圓。

泡沫經濟令許多人的人生走上歧路，也令金融業、地方政府、企業紛紛破產，也引爆許多與黑社會有關的事件。這類「戰禍」可說是不勝枚舉。

「這段走火入魔的歷史讓民眾一次又一次幻想著海市蜃樓，讓當時的政客醜態畢露，也將每個人逼到懸崖邊。可是一旦黃粱夢醒，任誰都會驚覺泡沫經濟的瘋狂幻想與現實的一切是完全兩碼子事，也會瞠目結舌地大喊『蛤？我當時怎麼會有這麼蠢的想法』」（高田萬龜子《安靜的楯・米內光政》〔静かなる楯と米内光政〕）。

任何字眼都不足以形容泡沫經濟，上述這段話是戰前海軍大臣米內光政於信中描述日本人很容易陷入狂熱，擔心日本人安危的一段內容。

軼事

欠缺預測未來的能力

享有「泡沫經濟帝王」美譽，堪稱時代寫照的人物之一，就是旗下事業群市值高達一兆日圓的「EIE International」社長高橋治則（因東京協和安全二信組不當融資事件被判有罪，於二〇〇五年辭世）。

當時有許多政治家、官僚、金融從業人員搭乘高橋的私人直昇機前往國外渡假村，進行奢華之旅。「身為日本菁英的這群人對於日本國內的利益、權力以及既有權益都非常敏感，但面對這種不顧後果的不動產投機現象，卻又缺乏預估未來的關鍵能力。」（日經 BUSINESS 篇《真說・泡沫經濟》）

飽食時代的白米騷動

國產米搶購恐慌

一九九三年（平成五年），全國稻穀平均產量受到異常氣象的寒害影響，下跌至有史以來僅次於終戰那年的數字，擔心白米供應不足與不相信進口米的國民紛紛四處搶購國產米，商店門前也排出長長人龍。為什麼在糧食充足的時代會發生這般恐慌呢？

大歉收、農家也四處搶購

「那年我從六月開始就覺得有點古怪，天氣一直很冷，天空沒半點積雨雲。越光米通常會從孟蘭盆節[5]開始垂穗，那年卻站得直挺挺的，我便確定接下來會歉收。」

白米之鄉新潟縣的某位農業相關人士如此回顧，但放眼全國，新潟還算是災害較輕的地區。災情最為嚴重的莫過於北海道與東北地區。

每年夏季都會出現鄂霍次克海高氣壓造成的冷冽東北風「山背」，而山背又稱為「凶作[6]風」或「餓死風」，過去曾多次讓東北地區陷入飢荒。

山背會在七月至八月之前造成異常低溫以及連日雨造成的日照不足現象，日本的氣象廳也遲遲未能宣布梅雨季結束，青森縣往年的七月平均氣溫為十八點三度、八月為二十點六度。據說即使是盛夏，暖桌也不用收起來。

農林水產省以六月到十月這段時間的年平均值為一百，發表當年度稻穀預估產量的「收穫指數」。一九九三年的全國確定收穫指數平均為七十四。

收穫指數若高於一〇六，當年度的生產情況將評定為「優」、一〇二至一〇五為「略優」、九十九至一〇一為「符合平均」、九十五至九十八為「略差」、九十一至九十四為「差」、九十以下為「極差」。

七十四這個數字代表的是僅次於一九四五年敗戰的六十七的大歉收，意味著水稻的收穫量比平均少了接近三成，北日本的情況尤其嚴重，北海道的收穫指數為四十，青森二十八、岩手三十、宮城三十七、秋田八十三、山形七十九、福島為六十一。八十九的新

5. 孟蘭盆節：日本的孟蘭盆節為七月十三至十六日。
6. 凶作：同歉作之意。

瀉止於減少一成。

北海道十勝地區的收穫指數只有二，青森的下北地區更是直接歸零（全面停作），慘況難以言喻。若是天災造成的歉收，政府會發放農業共濟金這類農業津貼，所以某些農家會在產量可能大減的時候早一步收割所有稻子，故意讓產量歸零。

儘管當年八月的全國收穫指數為九十五，預測可能會歉收，卻對白米可能不足這點毫無危機意識，直到指數惡化為八十的九月中旬，東北地區受災嚴重後，消費者便陷入恐慌。一開始，農家本身都去米店整批購買自家所需的白米，看到這種現象的消費者便四處搶購白米，導致米店與超市的架上看不見白米。「連白米產區都出現白米不足」的現象經過媒體大肆報導後，恐慌也如星火燎原般在民眾之間擴散。

當時日本的全年白米消費量為一千萬噸，收穫指數下跌至七十四，代表將短缺二百六十萬噸。為了因應這類白米短缺的情況，日本政府於戰時一九四二年（昭和十七年）制定了食糧管理法。

食管法是為了所有國民都能取得白米，由政府從生產、流通至消費採一條鞭管理的制度。照理該儲備足夠的白米應付歉收。

不過，當時政府的儲備米只有區區的二十萬至三十萬噸，是所有國民吃兩個月就見底的儲備量（若連同通路與庫存的量也計算在內，儲備量的確還有一些）。

基於食管制度的規定，生產者（農家）保留自家所需的米量之後，剩下的白米會由農業協會（農協）收購，接著農協會透過食糧廳銷售給批發商、零售商，最後再賣給消費者。

食管制度在白米不足的時代的確發揮作用，但白米的產量自一九六〇年代後大幅增加，日本國民的飲食生活也漸趨多元，完全是白米產量過剩的時代。照理說，白米價格該因市場供需原則而下滑，但基於政治考量，產地米價一直維持在高檔，消費終端的米價卻一直下滑。

這種「相悖」的情況與白米過剩的庫存管理讓政府的財政赤字不斷增加，到了一九七〇年，舊米儲備量已達當時全年白米消費量的六成，高達七百二十萬噸之譜，於是日本政府的政策改弦易轍，抑制稻米生產，減少白米儲備量，用於管理過剩白米的食糧管理費也於一九八〇年前後降至全年一兆日圓的水準。

產量調整政策的「成效」於九〇年代變得顯著，食量管理費下降至一九八〇年代的三分之一，白米過剩的問題也幾乎消失，然而一九九三年的大歉收卻在此時襲來。

進口白米導致消費者不安

一九九三年九月底，日本政府發表緊急進口白米的方針，從美國、泰國、澳洲進口了一百萬噸白米（六十萬至七十萬噸為食用，三十萬至四十萬噸為加工用），最終的進口量為前所未有的二百六十萬噸。

一如「未曾在過年之前感到如此危機」（新潟縣的兼職農家），一九九三年年中，北海道、東北以外的地區尚未演變成大騷動，一直等到進口米正式上市的隔年一九九四年三月才全面陷入恐慌。

由於白米的絕對量不足，食糧廳便禁止只銷售國產米，要求店家銷售進口米與國產米的混合米，也規定以進口米七對國產米三的比例混合。進口米從二月開始試賣，但來自中國的稻米時有發黴、異臭的問題傳出，美國的稻米又有農藥問題，令消費者的不安越來越強烈。

進口米混合比例高達七成這點，對預設國產米為主的消費者造成衝擊，也引爆民眾搶購國產米的風潮。三月上旬開始，日本全國的米店、超市都出現搶購國產米的人龍，東京甚至出現早上五點就有客人大排長龍，排隊人數高達五百人的白米零售店。

食管制度之下的白米會平均分配至全國，所以不管產地的產量是高是低，全國各地都會「平等地」感受到白米不足的問題，只要越來越多人因為不安而囤積白米，白米的庫存就會越來越不足。

於新潟縣長岡市經營米店的杉本隆一邊苦笑邊回憶地說「當時的搶購簡直陷入瘋狂，一時之間，我多了好多位『親戚』」。不太了解食管制度的一般消費者也懷疑「收穫量不差的新潟怎麼會有白米不足的問題，該不會是農家或零售店惜售吧？」

「白米之鄉的新潟應該還剩很多國產米吧」，許多東京的消費者紛紛奔往農家搶購。或許是戰後食糧不足的記憶猶新，遠赴其他縣市購買白米的消費者多屬中高年齡層。

白米被竊的新聞也頻傳，例如在光天化日之下，開著堆高機偷運囤積在倉庫裡的白米或是利用聯合收穫機偷割田裡的稻米。

由於混合米的風評不佳，逼得食糧廳開放國產米與進口米分袋包裝再搭配銷售，但來到杉山店裡的客人幾乎都說「我們不要泰國米，你幫我們報廢吧」，然後把泰國米退給杉山。據說「多出來的泰國米都被送到政府指定的碾米廠做成味噌的原料」。

日本國產的蓬萊米（短粒種）與在來米（長粒種）的泰國米本來就不太適合混著吃。黏度較低的在來米若煮成土耳其雞肉飯雖然很好吃，但是特殊的香味卻不太適合煮成一般的飯。

大阪的公園曾發生泰國米大量丟棄事件，日本消費者的行為也傷害了泰國民眾的情感，而且這種「自私的」白米緊急進口政策對於生產與進口白米的國家也是一種經濟打擊。

當時國際市場的白米交易量為一千二百萬噸，當日本突然進口了約二成的二百六十萬噸，國際市場的米價變因此暴漲，泰國米的出口價格也因此翻了一倍。

待時序進入一九九四年的夏天，白米恐慌也迅速平息。杉本提到「進入夏天之後，國產米總算上市，也總算能銷售百分之百的國產米」。

其實通路或庫存的白米曾高達二百萬噸，之所以如此是因為預估稻米行情會因歉收而上漲的批發業者或其他業者都紛紛惜售。新潟縣的某位農協相關人士提到「即使白米產量下跌至七百萬噸，也應該想辦法管控國民的消費量。國民之所以會陷入不必要的恐慌，全因國家政策的失算」。

白米不足的問題僅一年就結束，進口米也因此有一百萬噸賣不掉，農家的損失全由共濟金補貼，而最大的受害人莫過於被迫高價購米的東南亞消費者。

軼事

廢止食管制度的導火線

一九九三至九四年的「白米騷動」無獨有偶地與GATT（關稅暨貿易總協定，WTO前身）在烏拉圭回合談判農業的時間剛好重疊。或許是因為白米不足造成的糧食自給不安，又或者是因緊急進口白米，導致國內糧食供給受國際市場牽制，日本於一九九三年被迫接受稻米最低進口量配額，局部開放白米進口。

被戲稱為笊法[7]（總產量之中，有三成是自由米，也就是所謂的黑市米）的食管法在一九九五年廢止，因應白米開發進口而放寬流通規範的食糧法也跟著實施。白米的批發與零售從許可制轉換成登記制，新業者參與市場的門檻也因此降低。

7. 笊法：表面禁止，卻留有漏洞可鑽的法律。

帶來希望的志工
於阪神大地震蘊育的牽絆

一九九五年（平成七年）一月十七日發生了阪神大地震，災區出現前所未見的光景，那就是志工從全國各地紛紛湧入災區的景象。兩個月內，約湧進了一百萬人次的志工，是年也被稱為「志工元年」，志工也在災民與所有日本人心中點燃了希望之光。

逃出的市民目睹慘狀

阪神大地震一共造成死者六千四百三十四人、行蹤不明三人、傷者四萬三千七百九十二人，全毀的建築物共有十萬四千九百零六棟，半毀有十四萬四千二百七十四棟，避難所最多的時期達一千一百五十三處，避難人數高達三十一萬六千六百七十八人。

這是戰後首場直襲大都市的斷層型地震，到處可見崩塌的大樓、倒地不起的高架高速公路、燒著熊熊大火的街道、在寒空下為死去的家人與親友悲嘆流淚、等待救援的災民。

電視台以各種角度播放如人間煉獄的災區。日本人打從心裡恐懼地震直襲大都市之後的大型災難，可是災區的光景不僅讓人們感到恐懼，更深深地刺進普羅大眾的內心，讓民眾的內心產生動搖。

「這實在讓人坐立難安。」

「這不只是別人家的事。」

許多人在日後都如此形容當時的心情。明明沒有人呼籲，但地震發生後，志工如一波波海浪湧入災區，湧入的志工之多，在日本災害史上可說是史無前例。

陸陸續續有背著背包的乘客湧入大阪阪急梅田站，於驗票口前方排隊的民眾排成長長的人龍，人數多到超過月台限制人數，為此，站方特別增派臨時列車，載送志工前往災區。截至一月十九日早晨之前，寄往神戶市災害對策本部的志工申請甚至超過一千件。

根據兵庫縣的調查，震災發生後的一年內，共有一百三十八萬人次的志工於災區服務，七成都是志工新手。年輕志工的參與尤其令人注目，根據縣的調查，二十幾歲的年輕志工佔百分之五十一，二十歲以下的志工則佔百分之二十三。

在神戶市長田地區志工團隊「長田支援網」舉行的問卷調查之中，來自各地區、各年層、各種職業的志工都述說了參與志工活動的動機（自《被稱為志工的一九八人》〔ボランテイアとよばれた一九八人」節錄）。

「雖然正在考試，但從電視看到陷入火海的長田町，我也沒有心思念書了。『看到這種災難可以什麼都不做嗎？』當時就是這樣的心情」（大阪、十九歲、男學生）。

「遇到問題的時候要互相幫助。我本來就是好管閒事的個性，所以根本坐不住」（東京、五十歲、男性）。

「我原本一直在想要不要去災區幫忙，後來得出不去一定會後悔的結論」（東京、十九歲、男學生）。

「每聽到新聞一次，我就更覺得悠哉度日的自己很慚愧」（大分、三十歲、女性）。

「從電視看到災區的狀況後，就深深覺得『身為一個人，怎麼可以只是靜靜地看著這一切』」（名古屋、二十三歲、男學生）。

「每次聽到新聞，眼淚就奪眶而出，我也覺得前往災區幫忙是理所當然的事」（福岡、四十四歲、女護士）。

「每次聽到死者或行蹤不明的人數，就想到為他們感到悲傷的人數是幾千倍。我願意貢獻一己之力，安撫他們的悲傷」（新潟、四十三歲、女性）。

同在災區的人也坐立難安。

「雖然我也是神戶市民，但是我對坐在溫暖的房間，看著電視的自己感到後悔」（神戶市須磨區、五十二歲、女性）。

「看到從全國各地趕來的志工，我就覺得待在家裡的自己很丟臉」（神戶市垂水區、二十二歲、女學生）

也有坦白自己只是「湊熱鬧」才趕來災區的男學生（京都、二十一歲）。「沒來由地批評志工都是偽善之人的我，其實對志工一點都不了解」。

神戶市的幹部非常感謝參與救災的志工。「有這麼多人趕來災區，日本人的確還有可取之處啊」（一九九五年二月二日號《日本經濟新聞》晚報）。「之前有過人與人如此互相幫助的故事嗎？我從未想過，有自來水、有電、有瓦斯，能洗澡是如此值得感恩的事」（神戶市PTA協議會復興委員會編《阪神、淡路大震災・那時的學校》〔阪神・淡路大震災その時学校は〕）。

湧入市公所的「善意」未能善加利用

志工的定義有很多種，例如「見他人受苦便趕往救援的心」（檜前敏彥、前神戶市民

政局長）或「將（他人的困難）『他人的問題』視為自己的問題，基於『感同身受』這種『同理心』改善現況與採取行動的人」（金子郁容《志工》〔ボランティア〕）。

也有「見他人受苦便趕往救援的心」是人類與生俱來的「遺傳基因」的說法。

「人類是群居的動物。從『無法見死不救』的心情衍生的自發性利他行動就是志工活動，也是人與人之間的羈絆，更可說是人類社會的基本原理」（Robert Coles, *The Call of Service*，日文版譯者．池田比佐子後跋）。

阪神大地震之所以會出現大量的志工，或許是「當震災這類特殊事件經過大眾媒體報導後，讓原本潛藏的那股參與志工活動的熱情被一口氣激發」（岡野郁生〈震災時的志工活動與支援方法〉〔大震災時のボランティア活動とその支援のあり方〕）。

在「樂於助人」的本能驅使下，震災發生之後的三個月內，每天平均有一萬名以上的志工在災區協助救援。不過趕往現場幫忙的志工與分配任務的窗口都是第一次處理這些事情，因此現場一開始相當混亂。

首先遇到的是窗口的問題。不熟災區的道路，又沒有當地朋友的人全部衝至市公所。於震災發生之後第三天召募志工的西宮市公所請二十名職員擔任窗口，但是光是接電話就接到半夜，而且每天都有人直接來市公所報到，多的時候，一天甚至會超過五百人。

四天之內，共有三千五百位志工登記，到了第八天，便增加至五千名志工。當時的市幹部提到「才開始接受登記就陷入混亂。（省略）我們完全沒有這方面的經驗，也不知道該怎麼處理，一切陷入邊試邊做的狀態」（ＮＨＫ取材班《志工推開的共生之門》〔ボランティアが開く共生への扉〕）。

登記系統反而成為絆腳石。由於市公所無法快速分配任務給如此大量的志工，使得風塵僕僕趕來的志工變成接到任務之前，哪裡也去不了的「志工難民」。

震災過後，便需要大量的人力搬運瓦礫或是執行其他不需專業的單純作業，不過當時明明有很多人趕來救援，卻遲遲未能善加利用。這一切都是因為整合志工的組織與專業知識尚未建立。

「邊跑」邊解決這個問題的是志工本身與市民。震災發生兩天後的一月十九日，大阪志工協會創立了「支援災民的市民之會」這個志工中心，也成為介紹活動範圍的窗口。在日本，這是首見的創舉。

於當時擔任該協會事務局長的早瀨昇表示「一切的行政活動以『平等』為大原則，但是在發生大災難的緊急狀況下，這種平等原理反而會成為阻礙」（〈「熱潮」消退後・阪神大地震與志工〉〔「ブーム」が去ったあと　阪神大震災とボランティア〕）。

要講究平等、公平，就必須掌握災區的全貌，這過程非常耗時，也缺乏機動性。肩上沒有行政包袱，能迅速採取行動是志工的一大優點。

兵庫縣成立的「兵庫志工廣場」記取了此時的教訓，所以縣政府的工作人員能在三一一大地震的時候趕赴災區，協助成立志工資訊中心。

同廣場的代理所長高橋守雄提到「今後的目標是從各方面建立交通費的優惠制度，降低志工前往災區的成本。學生或年輕人就算想參與志工，但交通費會讓他們想參與也參與不了。這是我們這些志工『前輩』必須解決的課題」。

震災發生五年後，基於災民、志工的提案，神戶市公所南側的東面遊樂場建立了「慰靈與復興的紀念碑」與「一．一七希望之燈」，希望之燈的底座刻有下列的碑文。

震災留下的是
溫柔、體貼
牽絆、同伴

軼事

「個體」未能完成的維新

震災當年被譽為「個體覺醒」、「自我發現」的元年（於神戶市定居的戶田清子、奈良縣立大學副教授《明治時期，日本的志工精神源流》《志工學的開端——目標是打造新市鎮》〈明治期日本におけるボランティア精神の源流；ボランティア学のはじまり——新しい街づくりをめざして〉摘錄）。直至近代，日本社會仍極度缺乏志工精神主軸的自主性與自發性。

培育自主性與自發性的首要條件是打造一個個體能達成一定程度自立的社會。「明治的『維新』的確發生過，卻不是一場讓日本人的自發性覺醒、促使個體自立的『革命』，未能真的打動日本人的內心」（前引）。

奧姆真理教與末日症候群
渴望被救贖的結果，造就異端般的信仰

戰後五十年的一九九五年（平成七年）本該是值得紀念的一年，卻成為人人記憶中特殊的一年。前所未有的阪神大地震發生後，接踵而來的是三月二十日，奧姆真理教在東京發動空前絕後的地下鐵沙林毒氣恐怖攻擊。奧姆真理教曾犯下多起恐怖事件，例如一九九四年六月發生的松本沙林毒氣事件就是其中之一。讓他們走火入魔，犯下殘暴惡行的是人類即將滅亡的末日之說與將自己當成是救世主的幻想。

厭世思想與「大預言」浸透年輕族群

原本是奧姆真理教幹部，後來被判處死刑的早川紀代秀在一九七五年（昭和五十年）修完研究所碩士課程後，便進入大型總承包商服務，也從這個時候開始閱讀科幻小說，得知諾斯特拉達姆斯大預言的存在。

早川紀代秀提到當「一九九九年該不會真的爆發末日之戰（Armageddon）吧？」的疑問在心底萌芽，「『繼續這樣工作下去可以嗎？』的不安就在心底留下陰影」（早川紀代秀、川村邦光《對我來說，奧姆真理教究竟是什麼》〔私にとってオウムとは何だったのか〕）。

為了進一步探索精神世界，而遍尋冥想、瑜珈相關書籍的早川，在一九八六年（昭和六十一年）二月遇到奧姆真理教教主麻原彰晃（本名松本智津夫）所寫的書，進而參加集中講座，在那裡聽到麻原的講道後，深深受到衝擊。

「末日之戰終將爆發，從一九九九年開始，二〇〇一年至二〇〇三年的這段期間會出現核武器的戰爭，我們必須想辦法阻止一切，我希望你們能助我一臂之力」。

甚為感動的早川在心中立誓「我一定要從旁協助，阻止末日之戰發生」（前引《對我來說，奧姆真理教究竟是什麼》）。

前信眾提到入教的理由時，一定會提到「諾斯特拉達姆斯」與「末日之戰」這兩個關鍵字。

「我深信我是被選中之人。（省略）只有被選中的靈魂才能倖存。（省略）諾斯特拉達姆斯大預言透露著相同的主張。」

「大戰在即，信奧姆得存活。」

「當時渴望（在末日之戰的時候）『被麻原拯救』」（自青木由美子編《活在奧姆裡》〔オ

ウムを生きて」節錄)。

「他們告訴我，只要出家修行，就能在諾斯特拉達姆斯大預言所說的最終戰爭存活下來，之後還能引導與救贖倖存的人」(自瀧本太郎、永岡辰哉編著《逃脫思想控制》(マインド・コントロールから逃げれて」節錄)。

奧姆信徒都熱衷於自我探索、自我改革，但跟他們聊過後便會發現他們無法「自行思考，無法用自己的話反駁」(江川紹子《救世主的野望》(救世主の野望))。簡單來說，就是被動式的自我改革。「無法思考」的人才會害怕如此荒誕無稽的末世之論，也才會渴望被拯救。

將「末世陰影」烙印在他們內心的是紀實作家五島勉所著的《諾斯特拉達姆斯大預言》。一九七三年(昭和四十八年)刊印的《大預言》介紹了十六世紀法國醫師暨占星術大師的諾斯特拉達姆斯的四行詩之後，「一九九九年七月人類將滅亡」的內容震驚全世界，也成為發行超過二百萬本的暢銷書籍。

這一年不僅是經濟高度成長期結束的一年，也是石油危機、資源不足、物價狂飆的一年，《大預言》恰巧迎合了這個時代的厭世氛圍。再加上超能力、超自然現象風潮，「不僅是純真的孩子們，連已經能分辨是非的大人都飽受衝擊」(原田實〈諾斯特拉達姆斯

「一九九九年人類滅絕說」的欺瞞與罪惡〉（ノストラダムス「一九九九年人類絶滅説」の欺瞞と罪悪〕《正論》一九九九年六月號）。

「黑暗的未來觀」在諸多年輕人心中留下「傷痕」。週刊雜誌報導「『不生小孩宣言』在女高中生之間蔓延」。人氣漫畫《櫻桃小丸子》也出現「反正一九九九年就會死，幹嘛用功讀書啊」的台詞，描繪當時逃避考試與讀書的小孩子（「櫻桃小丸子・諾斯特拉達姆斯大預言的那一年」）。

「大預言」這個系列在一九七〇至九〇年出版了十冊。根據《SPA！》週刊雜誌在一九九四年（平成六年）進行的問卷調查，國高中生回答知道這個預言的為百分之百，大學生的比例則為百分之九十四。

源自猶太教的末日之說「在我國的新興宗教之中，自稱是佛教，卻不斷宣稱末世理論與天災的宗教其實不少」（宮崎哲彌〈一切都從《諾斯特拉達姆斯大預言》開始〉《別冊寶島・奧姆這場惡夢》〔すべては《ノストラダムスの大予言》から始まった；別冊宝島オウムという悪夢〕）。

「奧姆真理教家族會」代表永岡弘行提到「我曾遇到許多信徒，他們都是認真的年輕人，也希望『拯救世界上許多餓肚子的小孩』，卻又一臉正經地說『超能力一定能幫得上忙』。他們都是良善之人，卻只能看見非常狹窄的世界」。

毫不懷疑地接受救世主口中的妄想

《大預言》在日後飽受各界批判。「TO學會」（と学会）前會長兼科幻小說作家山本弘認為偽科學與超自然現象都是無法論證的事物，因此長期批判介紹這些事物的「荒謬怪書」，而他在《荒謬・諾斯特拉達姆斯一書的世界》（トンデモ ノストラダムス本の世界）也指出《大預言》有十三處內容與事實有出入，他也肯定地說「大預言的題材雖然是曾真實存在的諾斯特拉達姆斯，但事實上，只是五島的創作」，「《大預言》系列只能當成小說讀讀」。

原本《大預言》就像是UFO或靈異現象這類「相信的人會讀得很開心」的書籍，但內容實在太震撼，導致陸陸續續有人信以為真。

但真正「罪孽深重」的是，五島在《大預言》系列不斷提起猶太與共濟會（共濟會只是以友愛、親睦為主題的團體，卻被誤認為是猶太人的祕密結社）的陰謀論，最後還端出末日來臨之際，「日出之國＝日本」會出現一位救世主拯救世界的結論。

結果新興宗教的教主紛紛對號入座，宣稱「自己正是救世主」，身為其中一人的麻原則宣稱「如果我不是救世主，絕無法正確接受他（諾斯特拉達姆斯）的訊息！」看了那首詩之後，便幻想「這首詩不就是在說我嗎？」（《諾斯特拉達姆斯祕密的大預言》〔ノストラダムス秘密の大予言〕）。

「一九九七年，末日之戰爆發！」、「（在末日之戰爆發之前）一切都依照共濟會的計畫發展」、「背負未來的是日本」，以《大預言》為話本的說法層出不窮（《日出之國、災厄將近》〔日出づる国、災い近し〕）。

奧姆的恐怖攻擊落幕後，《大預言》在「奧姆真理教的末日之說留下大片陰影」（前引〈諾斯特拉達姆斯《一九九九年人類滅絕說》的欺瞞與罪惡〉）。

「ＴＯ學會」的山本甚至斷言「五島若沒寫《大預言》系列，地下鐵沙林毒氣事件一定不會發生」（前引《荒謬・諾斯特拉達姆斯一書的世界》），但也有意見認為錯的是那些「把小說的內容當真」的人，這些人犯的錯不該怪在五島頭上。

另一方面，明明不了解《大預言》系列的危險性還不斷「推薦」的知識分子也必須負責之外，那些看不透奧姆真理教的危險性還一味讚揚的有識之士也飽受批判。

著名宗教學者中澤新一於麻原對談之後，發表「我的世界觀與麻原極為接近」、「所有宗教都潛藏著『反社會性』」（〈不瘋狂就不是宗教〉〔「狂気」がなければ宗教じゃない」〕《ＳＰＡ！》一九八九年十二月六日號）。其他像是從不吝給予奧姆真理教稱讚的宗教學者島田裕巳或是電視綜藝節目都被視為是奧姆真理教的「啦啦隊」，也因此被罵成「有眼無珠到這種地步，簡直就是一種犯罪」（前引《逃脫思想控制》）。

一九八五年（昭和六十年）首次介紹麻原的超自然現象雜誌作家高井志生海也反省將部分讀者導向奧姆真理教這件事，也指出不顧常理判斷，「飛身撲向遺失物的人們」的問題。

「雖然單純又順從，卻顯得心浮氣躁。他們總是不滿足，總是有所求，卻又覺得有所失落，無法從內心創造任何東西」（〈麻原彰晃與我與《迷離境界》〉〔麻原彰晃と私と《トワイライトゾーン》〕《別冊寶島・奧姆這場惡夢》）。

「許多年輕人被超自然現象吸引這點，代表日本教育在理性思考這環失敗，其原因在於過度重視考試的教育。（省略）（考試）只重視答案，不重視過程。（省略）只想快點得到答案的教育只會培養出輕易信從歪理的思考模式」（碓井敏正《戰後民主主義與人權的現在》〔戦後民主主義と人権の現在〕）。

軼事

近代之後的三次宗教熱潮

日本近代化之後，曾出現三次宗教熱潮。第一次是在幕末至明治時期，被譽為「幕末三大新宗教」的天理教、金光教與黑住教，第二次是在太平洋戰爭戰敗之後，勢力不斷延伸的創價學會、立正佼成會與生長之家，第三次則是一九七〇至八〇年代的奧姆真理教、真光系教團、阿含宗、幸福的科學這類「新・新宗教」。

「（熱潮是）基本價值觀以及社會產生大幅變動的時期」「信奉新・新宗教的動機來自現代人內心的不安」（前引《戰後民主主義與人權的現在》）。

伊拉克人質事件與自己責任論
檢討被害者的「社會」

二○○四年（平成十六年）四月在伊拉克發生武裝組織挾持日本志工與記者，以此要求派駐至伊拉克的自衛隊撤軍的事件。人質最終雖然平安獲釋，但無視政府勸告，執意闖入當地的行為卻受到民眾批判，不少人認為他們「很自私」、「全是個人過錯」。此次事件也得以一窺「社會」的潛規則。

要求自衛隊撤軍的家族飽受批判

事件的第一手消息於四月八日下午六點二十分，從中東衛星電視局「Al Jazeera」傳回日本外務省，從晚上九點之後，開始播放日本人被綁架的新聞，外務省也立刻成立對策本部，首相官邸也設置對策室。

被綁架的人質共有三人，包含二名男性與一名女性，自稱犯下這案件的「伊斯蘭聖戰士軍團」（Saraya al-Mujahideen）要求「自衛隊必須於三天之內撤退，否則就要燒死三名人質」，也以錄影帶播放人質的相關影像。目的為協助伊拉克戰後復興，才剛於同年一至二月派遣至伊拉克薩瑪沃（Samawah）的自衛隊雖然保持警戒，以便應付外來的攻擊，卻絲毫沒想到敵人會使出綁架平民，要求撤軍的手段。

同日午後十點過後，召開臨時記者會的官房長官福田康夫清楚表示「沒有任何考慮自衛隊撤退的理由」，隔天九日，首相小泉純一郎一邊提到「會盡全力救援」，另一邊又強調「不受恐怖分子的威脅」，表明沒有自衛隊撤退的選項。

反觀人質的家族則要求外相川口順子考慮自衛隊撤退以及盡早救出人質，並且在看過記者會之後發表「希望自衛隊能夠撤退」的言論。

日本政府在還未搞清楚狀況就拒絕撤軍，以及小泉首相在不確定犯人的情況下，就將對方形容成「恐怖分子」的說法，都被懷疑「這樣不會激怒犯人嗎？」也因此被撻伐。這些過份的條件與三天之內撤退的要求的確讓人質的家屬心力交瘁，但經過這場記者會之後，輿論卻反過來攻擊受害人與受害人家屬。

被害人的網頁湧入許多負評之外，被害人家屬陸續接到惡言相向的電話、傳真與信件，網路上的布告欄也出現不少中傷的言論。批評的主要理由都是「明明是被害人無視政府勸告，執意闖入如此危險的地區，為什麼這些家屬不僅不道歉，還敢批評政府」。

媒體也紛紛批評「這種不負責任、有勇無謀的行動只會造成政府與各機關多餘的負擔」，甚至還有報導惡意揭露被害人的個人資料，也有人以為被害人不滿日本政府派遣自衛隊，所以才「自導自演」這場綁架戲。

同月十二日，外務事務次官竹內行夫發表「希望國人能秉持凡事自行負責的原則，慎重看待自己的安危」之後，「自行負責」的議論變得更熱絡，遠超過解決事件所需要的討論。

十四日，又有兩名日本自由記者被綁架，但最初的三名人質卻在十五日得到釋放（後面被綁架的兩名日本人也在三天後的十七日獲釋），福田官房長官則在記者會「苦口婆心」地說：「或許被害人原本是自己負責自身的安危，但希望他們能多想想，這會造成別人多大的麻煩」。

獲釋的被害人發表「想繼續留在伊拉克」之後，隨即引來小泉首相「不管動機是多麼良善，遇到這種事（省略）還說這種話，果然是缺乏自覺啊」的批判。

「難道不是被害人該自行負責嗎？」的批評聲浪一波波湧向政府與執政黨，也出現要求被害人自行負責救援費用的意見或是「公然反對自衛隊外派的反日分子，怎麼可以利用國民流血流汗的稅金救援，真是讓人大感不悅」這類偏激的言論。

雖然過去也有多起日本人在國外被綁架的事件發生，卻沒有像被害人被如此批判的例子。除了政府與部分媒體之外，多數國民也支持自身行為該由自己負責的言論。

郵購雜誌《通販生活》（二〇〇四年秋冬號）舉辦的「公投」也坐實了上述的情況。在二千三百票之中，認為責任在被害人身上的高達百分之五十三，否定的只有百分之三十六。

該雜誌同時也以「責任歸屬是否為被害人」為題，刊載了肯定、否定各半（總計六人）的意見。得到較多支援的是某位女性記者的「雖然值得敬佩，但是造成別人麻煩就毫無意義」，而且也另外提到被害人家屬在說出「造成麻煩，真的非常抱歉」的道歉之前，就先要求自衛隊撤軍這點「造成許多國民反感」。

日本人常被不成文的規定束縛

國民要求被害人擔起責任的理由之中，有幾個關鍵字與這位女性記者一樣，那就是「麻煩」與「道歉」。《通販生活》的讀者多為年長者，所以也收到許多「不該造成別人麻煩，否則就該道歉」這類從道德、禮儀觀點出發的批判。

「無視自己的過錯，對國家提出如此歇斯底里的主張，而且還一直擺出桀傲不遜的架子，當然會被普羅大眾抨擊啊。」

「被害人家屬的態度真的讓國民『理智線斷裂』啊。」

比起被害人的行動，家屬的發言引來更多責備。

另一方面，也有不少擁護被害人的意見，像是「完全不提他們的行動內容，自始至終只以『該自行負責』批評被害人，實在太過分了」、「一堆匿名的人跟著政府、官僚、大眾媒體批評一介市民，還真是令人生厭的社會生態啊」。於當時反對被害人該自行負責的東大名譽教授醍醐聰組成了「支援自伊拉克回國的五人之會」，也分析「會有那麼多國民贊同被害人該自行負責，出現由下而上的抨擊，全是因為被害人與其家屬違反了『社會』的規則。他們給『社會』添了麻煩卻不懂得道歉，所以才激怒了國民」。

被害人家屬提到自己在首次記者會的開場已向政府還有「社會」道歉，但是這段影像被剪掉，被強調的只剩要求自衛隊撤軍的發言。

醍醐名譽教授認為，國家與個人之間、所有的組織、集團都有所謂的「社會」，有時候「社會」會凌駕於國家、法律之上，先一步制裁個人。換成是其他國家，只要人質能平安歸來，通常是舉國歡騰，又怎麼可能會被責備。

深入研究日本社會的歷史學者阿部謹也提到「『個人』在成為『個體』之前，先是『社

會』的一分子」，也認為「這樣的規則長期束縛著日本人」（《在日本社會生活的這回事》〔日本社会で生きるということ〕）。

「社會觀感」是制約日本人行動的重要基準，「不管是個人還是團體，只要是日本人就非常重視『社會觀感』」（社會學者兼近畿大學教授鈴木伸太郎〈「重視體面」的溝通模式〉〔「世間体」のコミュニケーション・スタイル〕）。

這種不求自行建立行動準則，反向「社會」莫名尋求準則的特性若放大至所有日本人，就變成「『外國都怎麼做？』這種立刻依循外國事例」的態度（前引）。

儘管輿論在一九九一年（平成三年）的波斯灣戰爭結束後，對於是否參與聯合國維持和平活動分成兩大派，但日本國民之所以大致支持，鈴木教授認為全因日本國民潛意識深處藏著「重視在國際社會的面子」這個想法。

假設自衛隊真的因為伊拉克人質事件而撤退，就無法與美國以及國際社會共同「對抗恐怖分子」，也等於在國際社會顏面盡失。或許就是因為「愛面子」，所以才掉頭苛責被害人吧。

美國國務卿鮑爾（Colin Powell）曾在日本電視採訪公開擁護被害人，他提到「明知危險，卻願意為了某些良善的目的進入伊拉克，日本人應該為了擁有如此公民而自豪」。法國的

《世界報》（Le Monde）也對這些潛入伊拉克，從事人道活動的人讚譽有加。

要讓日本人從被害人該自行負責的言論清醒，最有效的手段就是告訴日本人「外國的看法是這樣的」，而這種檢討被害人的言論也源自爭辯孰是孰非的雙方以及整體日本人的「不成文的社會觀感」。

軼事

控訴鄰居的人也遭受「懲罰」

《法學講座》（〈法学セミナー〉二〇〇四年九月）曾為伊拉克人質事件與「社會」的關係製作專題，九州工業大學的佐藤直樹教授於其中提到被害人與其家屬被社會抨擊的情況，與一九八三年（昭和五十八年）的「鄰人訴訟」非常類似。

將小孩託給鄰居照顧，結果小孩卻因鄰居的一時疏忽而在附近的蓄水池溺死，小孩的家人也為此向鄰居提起損害賠償的告訴，結果「怎麼能向平常照顧你的鄰居提告」這類責備、惡言相向的電話、信件紛紛湧入小孩的家，這個家庭也遭受「社會」的「懲罰」。

狂潮中角色最吃重的演員

近現代的媒體

報紙是「思想戰兵器」
追求利潤、惟恐天下不亂

報紙從一九三一年（昭和六年）的滿洲事變到一九四五年的太平洋戰爭結束這段漫長的戰時體制下，不斷地煽動日本國民同仇敵愾的內心，將戰爭美化為「聖戰」。在言論受到箝制的那個時代，這些行為或許是「出於無奈」，但報紙自中日戰爭、日俄戰爭之後，就為了追求利潤而配合演出，不斷地從旁煽動戰爭熱潮，這也是不容忽略的事實。與其將報紙形容成被鎮壓的受害者，報紙更是與軍部一起將日本帶向亡國之路的共犯。

熾熱的號外混戰與戰場佳話

「報紙從未對至今的態度向國民道歉半分，未曾刊登半則道歉啟事。明明常常今日之己推翻昨日之己，卻還是擺出一副說教的態度。（省略）難道報紙不用對戰敗負起任何責任嗎？到底是有多麼厚顏無恥啊。」

一九四五年（昭和二十年）八月十八日，日本國民得知太平洋戰爭敗北之後的第四天，作家高見順寫下上述的日記內容。

新聞人怎麼能把責任撇得一乾二淨，怎麼能夠不反省。前《朝日新聞》主筆，於戰爭尾聲擔任小磯國昭內閣情報局總裁的緒方竹虎在戰後提到「對軍方而言，報紙若不與他們站在同一陣線，始終會是個大威脅。若當時報社能並肩對抗，或許就能阻止（戰爭）了吧，現在回想起來，多少有點遺憾，也覺得有罪惡感」（《五十名新聞人》〔五十名の新聞人〕）。

這是直到現在報紙才得以吐實的「制式反省」。雖然這是報紙對於不敢反抗軍方與未能反對戰爭的懺悔，卻也隱約透露出「主嫌是軍方，報紙是不得不從的從犯」的被害意識，只不過其中還有「難以面對的真相」。

日本在退出國際聯盟（一九三三年〔昭和八年〕）之前，唯一反對退出的是《時事新報》記者伊藤正德，他斷定「報紙將與戰爭一同發展」（《新聞五十年史》）。

近代日本第一場對外戰爭為甲午戰爭（一九八四年至九五年），當時，報紙正處於論壇報轉型為一般報紙的過渡期，是主流報紙、小型報紙、官方報社、反政府報社百花齊放的時代。

但是當戰爭爆發，「這些報紙似乎忘了平日的論點與立場，爭相讓記者從軍，殺出一條報導戰況的血路，然後直轉急下，一同大肆報導『野蠻的清朝應該被討伐』」（塚本三夫《實錄・侵略戰爭與新聞》〔実録　侵略戦争と新聞〕）。被派至前線的記者共一百二十九人，派遣記者的報社也達六十六間。「報紙不僅瘋狂地報導戰況以及日軍的勝利，還捏造許多英勇事蹟，挑起國民對戰爭的興趣。高舉『獨立不羈』的大旗，啟示文明為何物的福澤諭吉、《時事新報》也與三井、岩崎這些財閥一起舉辦『國民應盡義務』的募款活動」（前引）。

中日戰爭、太平洋戰爭的報導原型就於此時成形。日俄戰爭之際，爭相報導戰況、企圖出奇制勝的報紙也有了大幅的成長。

日俄開戰之前，主流報社分成「主戰」與「反戰」兩派，立場強硬的有位於大阪、東京的兩家《朝日》以及《時事新報》、《國民新聞》、《大阪每日》，另一方面，《萬朝報》、《每日》（不是現在的《每日新聞》）以及官報《東京日日》則站在反戰的立場。

不過在輿論倒向強硬派之後，主張反戰的報紙的發行量便大減，《萬朝報》也轉換成主戰的立場。不滿報紙改變立場的優秀記者如內村鑑三、幸德秋水、堺利彥紛紛辭職也是眾所皆知的故事。

開戰之後，報紙與甲午戰爭的時候一樣，全部轉換成贊成對俄國採取強硬作風的立場，也不斷美化戰爭。唯一的例外是由離開《萬朝報》、身為社會主義者的堺等人所成立的《平民新聞》。

由於戰時的情報受到軍方管制，所以難以搶得「獨家報導」的各家報社只好在戰時公報發布後，比賽誰先將戰況送到讀者手中。

「能多快寫好號外，能多快在市內發送號外成了各家報社的兵家必爭之地。在東京一帶，《東朝》與《時事》展開互別苗頭的號外混戰，大阪則是《大朝》與《大每》陷入混戰，據說一天可推出五次號外」（佐佐木隆《日本的近代十四．媒體與權力》〔日本の近代 14 メディアと権力〕）。

也有報社在日俄戰爭的一年之內推出五百次號外。這場號外大混戰的勝方為東京的《東朝》與大阪的《大每》。《東朝》於戰爭爆發前一年的發行量約為七萬，戰爭結束時的一九〇五年（明治三十八年）超過十萬，《大每》的發行量也從十三萬激增至二十萬。

除了號外混戰之外，為了搏得讀者歡心，「筆鋒越走越偏的報社必然大量捏造誇大不實的報導，例如將旅順港閉塞隊廣瀨中佐的戰死形容成『壯烈犧牲』，或是將廣瀨中佐稱為『軍神』，不斷地歌功訟德與美化戰爭。這已經不是報導的競賽，而是一場場謳歌戰爭的活動」（前引《實錄．侵略戰爭與新聞》）。

幸德秋水在《平民報紙》如此控訴：

「全天下的新聞記者啊，如果諸公真有半點愛國愛民之心，請快從這等狂亂之中清醒，進而讓國民睜開雙眼，然若不趁此時反省，三個月、半年、一年後，各位必因陷我同胞於萬死難救之慘境而悔不當初」（一九〇四年〔明治三十七年〕三月六日出版）。

昭和戰時雖也有相同冷靜的意見，只可惜瞬間就被狀如颱風的戰爭美化報導攪散，沒機會得到國民的贊同。

基於在大陸取得奉天會戰的勝利，以及在日本海殲滅俄羅斯波羅的海艦隊，日本的確在日俄戰爭佔了上風，但是雙方的國力懸殊，若發展成長期戰爭，明顯對日本不利。在美國總統狄奧多・羅斯福（Theodore Roosevelt）的調和下，日俄雙方於一九〇五年八月開始議和。

由於戰時對於「勝利」的報導過於浮誇，導致國民對賠償金以及領土的割讓抱有過度期待。隨著談判的進展，「不賠償」的謠言也慢慢傳開，大受打擊的國民變得群情激憤。在旁煽動國民情緒的也是報紙。

「滔天大罪」（《報知》）、「全權小村（壽太郎＝外相）不用回來了，乾脆歸化俄國算了」（《東朝》），負責談判的使團被罵得狗血淋頭。同年九月五日日比谷縱火事件可說是因為這些負面活動所造成的。

大報社的發行量也從二倍增加至三倍。

「新聞業在日俄戰爭學到戰爭可增加銷量這回事」（半藤一利、保阪正康《於是，媒體將日本帶向戰爭》〔そして、メディアは日本を戦争に導いた〕）、「報紙的發行量只要遇到戰爭就會飆漲，報社的大樓就會變得更高」（岩川隆《我不相信報紙的理由》〔ぼくが新聞を信用できないわけ〕）。

「戰爭之際，報紙不該『保持沉默』，而是該『大鳴大放』。只是站在新聞業角度的我，有件事不吐不快，當時的報紙不僅沒有保持冷靜，沒有看出戰爭將陷國民於何等不幸，也沒有批判戰爭，更沒為了阻止戰爭而『大鳴大放』。迎合戰爭的報紙只會讓軍國主義越來越高張，最後連『保持沉默』這個立場都拋在腦後」（《實錄・侵略戰爭與新聞》）。

發行量因滿洲事變觸底回升

昭和初期，報紙的發行量因全球金融風暴與財政縮而銳減，一九三一年（昭和六年）九月十八日爆發的滿洲事變正是挽救發行量的絕佳機會。各家報社紛紛派遣大量的記者前往滿洲採訪，也為了空運照片而派出飛機。

《大阪朝日》於九月十一日至隔年三十二年一月十日推出了一百三十一回號外，特派員的

事變報告演講則在東日本舉行了十七次，吸引六十萬名聽眾到場，全國各地也上演了四千零二次新聞電影，據說觀影人次到一千萬人（前坂俊之《媒體控制》〔メディアコントロール〕）。

當「肉彈（炸彈）三勇士」這類美談登上報紙版面，國民也為之瘋狂。各家報社紛紛主辦照片展或其他展覽會，也主辦遊行集會，進一步炒熱戰爭氛圍。經濟報紙的《中外商業新報》（《日本經濟新聞》的前身）也以多達十二頁的凹版印刷刊登「滿蒙時局大觀」專題。

尤其大肆讚揚戰爭的《大阪每日》與《東京日日》（現在的《每日新聞》）還以「徹底撻伐支那的過錯，直到支那幡然醒悟之前不準鬆手」的社論（九月二十七日號）叱責軍方，這也被稱為「每日新聞後援、關東軍主辦、滿洲事變」。一九三二（昭和七年）十二月十九日的各家報紙刊載全國一百三十二間報社的共同宣言，對不承認滿洲國的國際聯盟提出抗議，日本也因此於隔年退出國際聯盟，報紙也開始將國家帶往錯誤的方向。

報社透過滿洲事變的報導讓發行量觸底反彈後，六年後，「大賺一筆」的時機再度降臨。以一九三七年（昭和十二年）七月七日的盧溝橋事變揭開序幕的中日戰爭讓各家報紙陷入更混亂的報導競賽。

當時收音機正呈爆發性的普及之勢，這讓即時性遜於收音機的報紙猶如熱鍋上的螞蟻，急著利用最新的照片電送機傳送戰場照片，也急著早一步將美化過的部隊近況報導送到讀者手上。想知道士兵是否平安的家屬如餓狗搶食般讀著報紙。重視即時性的結果就是未能細查情報，淪於追認既定事實的報導。首相近衛文麿撤回於事件發生之際發布的不擴大方針，發表派遣兵力之後，於七月十一日晚上將東京各家報社、通信社的幹部請來官邸，要求他們全面協助，報社也慨然允諾。不過，政府也同時揮舞著手中的鞭子。七月十三日，內務省警保局對報社下達「時局報導相關事宜」通牒，禁止「反戰、反軍方」、「讓日本國民懷疑好戰的、具侵略性的主義」這類報導刊登。

當時規範言論自由的主要法律為出版法（一八九三年）與新聞紙法（一九〇九年）。新聞紙法之中有一條取締「安寧秩序紊亂」的條文。這項條文的目的為禁止擾亂社會安定的言論，但是並未具體說明哪些言論會被視為問題，因此條文的適用範圍可無限上綱。

於戰前、戰時規範言論的法令接近三十條，其中賦予政府、軍方各種權限的「萬用」法律為「國家總動員法」，此法是於一九三八年（昭和十三年）四月一日公布。一九四一年（昭和十六年）三月，這條法令被修訂成報紙與其他事業的推動至解散，都由政府敕令管制的內容，接著根據這次的修訂頒布新聞事業令與出版事業令，自此，媒體不僅被剝奪言論自由，連生殺大權都被政府緊緊握在手裡。

雖然有些報紙批判五一五事件（一九三二年）、二二六事件（一九三六年）這類由軍方祕密執行的恐怖攻擊，但基本上，新聞界對此是噤聲不語的。明明言論自由將全面受到國家管制，報社對此居然毫無危機意識。

一如「昭和九年九月十一日開始，本社早報從十頁增至十二頁，早午報增至十六頁」、「金融界的景氣回復，廣告量也增加」（《日本經濟新聞八十年史》〔日本経済新聞八十年史〕）所述，報紙因為戰爭大賺一筆。與其說報紙在滿洲事變之後，因政府管制而持續萎縮，實際上是因發行量擴大而持續成長。最後，「內面指導」此一編輯方針也介入報社內部。

壓力逐漸增強的言論管制、記者改採登記制

一九四一年（昭和十六年）夏天，新聞界自律機構「日本新聞聯盟」的編輯委員會製作了關於言論報導管制的白皮書，並於開頭寫上「戰時，吾等新聞人自覺報紙為思想戰兵器，新聞記者如思想戰戰士」這類內容，這意味著「報社將成為戰爭機器的一部分」（《實錄・侵略戰爭與新聞》）。

太平洋戰爭開戰隔日的一九四一年十二月九日，各家晚報紛紛祭出「嚴懲歐美的世紀對決！」這類大標題，鼓動國民的鬥志。隔天十日，東京的八家報社與通信社在後樂園球

場舉辦「殲滅歐美國民大會」。

大會一開始先遙拜宮城（皇居），接著齊唱國歌，內閣情報局與陸海軍報導部幹部上台致詞後，各報社代表上台表明「不殲滅歐美，絕不罷休」的決心，最後在新聞聯盟理事長暨中外商業新報社長田中都吉等人帶領之下齊呼萬歲。

隔年一九四二年（昭和十七年）二月五日，日本新聞聯盟被基於新聞事業令的新聞統制團體設立命令解散，緊接著「日本新聞會」（會長為中外社長的田中）成立。這是情報局幹部參與的官方管制機構，此時記者這項職業也改為登記制。

日本新聞會將記者資格定義為「明白與國體相關的觀念與記者背負的國家使命」，並於一九四三年（昭和十八年）年底，審查一萬二千名申請者，之後再向當局提出八千七百名合格者，其中約有三千三百人被認定為不合格（里見脩《新聞統合》）。

記者被要求在「錬成」的三十天之內參加各種鍛練內心的修行課程，其中包含農耕、參禪、淨化以及前往伊勢神宮、橿原神宮參拜，這一切都代表「新聞業（新聞記者）最大的毀滅與敗北」，報紙也於此刻成為「『思想戰的武器』與戰爭機器」（《實錄・侵略戰爭與新聞》）。

大部分的「合格」記者都是贊同國策的革新派。被認定為反軍記者多屬「身為海軍記者卻批判陸軍」的番記者[1]，「批判戰爭與反對向外侵略的記者少之又少」（前引《媒體與權力》）。

在新聞用紙供給限制令（一九三八年（昭和十三年）八月）這種斷絕兵糧的攻勢之下，報社不斷地被整併，最後演變成「一縣一紙」的狀況。一般日報在一九三八年尚有七百間，但到了一九四二年十一月便銳減至五十五間（前引《新聞統合》）。這段時期，中央報紙與地方報紙為了爭奪新聞用紙而對立，報紙也因此無法出版。

日本新聞博物館（橫濱市中區）三樓的「歷史專區」陳列了許多戰時的資料，例如因報導內容違背審閱方針而上呈當局的悔過書。這些資料雖然都是與新聞的「掙扎與敗北」的歷史，但該博物館負責主管赤木孝次提到「當時的新聞也有不斷煽動國民的鬥志，將國民帶往戰爭的一面，所以相關資料應該攤在民眾面前，讓民眾思考戰爭與新聞的關係」。

戰後一九四六年（昭和二十一年）七月二十三日，自主獨立的「日本新聞協會」成立，同時間制定了「新聞倫理綱領」，內容為「一・新聞自由」、「二・報導、評論的底線」、「三・評論的態度」、「四・公正」、「五・寬容」、「六・指導、責任、榮譽」、「七・品格」。

日本新聞協會雖然在新聞倫理綱領列出新聞媒體該死守的精神，但在戰前、戰時的他們又是怎麼一回事？他們完全沒有提到在戰時追求利益的自己，也未反省沒阻止戰爭，反而調過頭來煽動戰爭的自己。第七項的「品格」記有下列內容：

「新聞本身具有教育性，因此具備高尚情操是必要的，實踐本綱領形同培養高尚情操。無法實踐本綱領的新聞或新聞人，將喪失公眾的支持，遭受同業的排擠，最後失去立足之地」。

高尚的情操應該包含懺悔自己的罪過，以及不斷反省，避免重蹈相同的過錯才對，若做不到這些，就是所謂的「厚顏無恥」。

軼事

猶太陰謀論甚囂塵上

太平洋戰爭的新聞不斷地提到如有神助的精神論與必勝論。「不管是個人或軍隊，只有精神上認輸才真的戰敗」（一九四三年九月四日出版《每日》社論）、「只要一億國民皆全副武裝就必勝」（一九四四年八月八日出版《中部日本》）。

奇妙的是，猶太共濟會的陰謀論居然在此時被端上檯面討論。「支配英美與蘇聯的是（省略）猶太人」（一九四三年十一月三十日出版《每日》社論）、「只有猶太的陰謀（征服世界的野心），一億國民不可片刻或忘」（一九四四年一月二十二日出版《讀賣報知》）。

1. 番記者：類似現在的狗仔隊，持續追蹤特定採訪對象，收集相關動靜的記者。

後記

本書是根據二〇一三年九月一日至二〇一四年六月一日這九個月內，於《日本經濟新聞》早報周日連載的「熱風日本史」寫成。連載雖只有四十回，但本書另外增加了〈昭和篇〉的「一九四〇年，亡國之前的狂舞」與「『金蛋』之下的眼淚」這兩篇內容，其他各單元也另行潤飾。

連載最初的構想是讓一名記者在一頁大小的版面撰寫一些有別於其他報紙的「歷史事件」，希望每週寫一次，然後連續寫半年，能夠連續寫一年則更好。從報社的常理來看，此舉實在是有勇無謀的挑戰。筆者的親友也紛紛認為「這挑戰不可能成功」、「這樣身體會搞壞喲」、「如果生病，版面就會大開空窗，還是趁早放棄吧」。

不過，連載之所以能在「逆風」之中航向「未知的大海」，全因這個連載是由岡田直敏編輯局長（現為《日經新聞》副社長）直轄的專案。不管是企劃還是連載，通常都先由現場記者擬出方案，接著再向編輯高層申請，得到許可之後才可以正式開始，但「熱風日本史」卻是由岡田編輯局長直接下達指示進行。假設是由筆者提案，連載的規模絕不可能如此浩大。這個「有勇無謀的連載」之所以得以成功，全拜岡田局長那句「想寫什麼就寫什麼」以及全心的信賴，對記者來說，再沒有比這更值得奮力一試的工作了。

籌畫連載時，我想到的是別把內容寫成陳年往事的「昭和史」。歷史有其因果，所以不會突然變異。要理解昭和時代，就必須了解前面的大正與明治時代，而且昭和時代之後的平成也與明治、大正時代之間，有著深厚的因果關係。

我從數個熱風（同調）現象的角度俯瞰日本是如何被形塑為一個國家，以及日本人「誕生」的明治近代到現代的這段時間。透過這樣的觀察找出日本人最真實的自畫像是連載最基本的主題。

就結果而言，我相信這次的嘗試是成功的。在調查資料、採訪、執筆的這一年多裡，我每天都為近現代的日本人樣貌而驚訝。連撰寫連載的我都覺得驚訝的話，想必能給眾多讀者耳目一新的印象。本書是一介記者嘗試找出「日本人為何物」的拙作。

二〇一四年十月

井上亮

狂潮：日本近代史的真相，那些新聞媒體操作下的極端浪潮／井上亮著；許郁文譯 . -- 初版 . -- 新北市：臺灣商務，2020.05
368 面；14.8×21 公分 . --（歷史 ‧ 世界史）
ISBN 978-957-05-3265-4（平裝）

1. 現代史 2. 日本史 3. 文集

731.27 109003928

歷史 ‧ 世界史

狂潮

日本近代史的真相，那些新聞媒體操作下的極端浪潮

作　　著—井上亮
譯　　著—許郁文
發 行 人—王春申
總 編 輯—張曉蕊
責任編輯—徐鉞
封面設計—許紘維
美術設計—綠貝殼資訊有限公司

業務組長—何思頓
行銷組長—張家舜
出版發行—臺灣商務印書館股份有限公司
23141 新北市新店區民權路 108-3 號 5 樓（同門市地址）
電話：(02)8667-3712　傳真：(02)8667-3709
讀者服務專線：0800056193
郵撥：0000165-1
E-mail：ecptw@cptw.com.tw
網路書店網址：www.cptw.com.tw
Facebook：facebook.com.tw/ecptw

局版北市業字第 993 號
初版一刷：2020 年 5 月
印刷廠：鴻霖印刷傳媒股份有限公司
定價：新台幣 430 元
法律顧問—何一芃律師事務所